自治体担当者のための
外国人住民基本台帳事務
Q&A集

市町村自治研究会 編著

日本加除出版株式会社

はしがき

　住民基本台帳制度は，住民の利便を増進し，国及び地方公共団体の行政の合理化に資することを目的として，市町村において，住民の居住関係の公証，選挙人名簿の登録その他の住民に関する事務の処理の基礎とするとともに，住民の住所に関する届出等の簡素化を図り，あわせて住民に関する記録の適正な管理を図るため住民に関する記録を正確かつ統一的に行う制度です。

　近年，我が国に入国・在留する外国人が増加し，滞在期間の長期化や在留外国人の転出・転入が増えていること等を背景に，市町村が，日本人と同様に，外国人住民に対し基礎的行政サービスを提供する基盤となる制度の必要性が高まってきたことから，外国人住民についても，日本人と同様に，住民基本台帳法の適用対象に加え，外国人住民の利便の増進及び市町村等の行政の合理化を図るため，「住民基本台帳法の一部を改正する法律」が第171回国会で成立し，平成21年7月15日に公布され，平成24年7月9日に施行されました。また，住民基本台帳ネットワークシステム関係については平成25年7月8日から運用が開始されました。

　外国人住民に係る住民基本台帳制度は基本的に日本人の取扱いと同様ですが，外国人住民には特有の届出手続や記載事項もあり，自治体担当者の方が実務を行う中で疑問や不明な点もあるものと思います。

　本書は，外国人住民基本台帳事務について，これに携わる自治体担当者の方に向けて，Q&Aの形式でできるだけ根拠を示しながら解説し，実務が円滑に行われることを目的とし作成したものです。また，平成27年10月5日から施行されたマイナンバー制度は住民票を有する全ての者が対象となりましたが，マイナンバーカード等に係る取扱いにおいても外国人住民に特有のものがありますので，この点についても取り上げています。

　本書が，外国人住民基本台帳実務に携わる方々にとって参考となれば幸いです。

　　2016年3月

編　　者

はしがき

目　　次

第1　改正の経緯等

はじめに …………………………………………………………… *3*
　1　改正の経緯 ………………………………………………… *3*
　2　改正の概要 ………………………………………………… *5*
住民票を作成する対象者について ……………………………… *6*
住民票の記載事項について ……………………………………… *7*
外国人住民に係る住民票の記載等について …………………… *9*
法務大臣との連携について ……………………………………… *10*
制度移行のための措置 …………………………………………… *10*

第2　Q&A

外国人住民に係る住民票の作成対象者 ———————— *15*

Q 1　住民基本台帳制度の対象となる外国人住民は，どのような人ですか。………………………………………………… *15*

Q 2　日本と外国の国籍を有する重国籍者については，日本人としての住民票と外国人としての住民票のどちらで作成すればよいでしょうか。……………………………………………… *16*

Q 3　外国人として住民票が作成されている者が，以前より日本国籍があったことが判明した場合，どのように対応すればよいでしょうか。………………………………………………… *17*

Q 4　「短期滞在」の在留資格を有している外国人が，在留期間

3

目 次

　　　　更新許可を受けたことにより、当該在留資格のまま3月を超えて滞在している場合、住民票は作成できますか。……… *18*

Q 5　「外交」の在留資格を有している者や不法滞在者等、自身が住民基本台帳法の対象外である外国人から、子の出生届が提出された場合、当該子の住民票を作成することはできますか。……………………………………………………………… *19*

Q 6　住民票が作成されている外国人住民の子が日本国外で出生し、日本にいる父からその旨の申出があった場合、出生による経過滞在者として住民票を作成することはできますか。…… *20*

Q 7　日本人の父と外国人の母の間に生まれ日本人として住民票が作成されている子について、親子関係不存在確認の裁判が確定し、当該者に日本国籍がないことが判明したので、戸籍を削除し、日本人としての住民票を消除することとなりますが、このとき、裁判の確定の日から60日を経過していない場合は、国籍喪失による経過滞在者として、職権で外国人としての住民票を作成することはできますか。……………………… *21*

Q 8　仮放免許可書を所持している外国人について、住民票を作成することはできますか。……………………………… *22*

Q 9　在日米軍の構成員である外国人に子が出生した場合、住民票を作成することはできますか。……………………… *23*

届　出 ——————————————————— *24*

Q 10　中長期在留者等が国外から転入してきた場合、住民基本台帳法第何条の届出として受けることとなりますか。……… *24*

Q 11　住民基本台帳法第30条の46に規定している「これに準ずる場合として総務省令で定める場合」とは、どのような場合でしょうか。……………………………………………… *25*

目　次

Q 12　中長期在留者等でない外国人が，住所を定めた後に中長期在留者等となった場合，住民基本台帳法第何条の届出として受けることとなりますか。……………………………………… *26*

Q 13　住民基本台帳法第30条の46の転入届において，中長期在留者が上陸許可に伴い交付された在留カードを持参していない場合，届出を受理することはできますか。…………………… *27*

Q 14　住民基本台帳法第30条の46の転入届において，在留カードが即時交付されない出入国港で上陸許可を受けたために中長期在留者が在留カードを所持していない場合，届出を受理することはできますか。……………………………………… *28*

Q 15　国外転出の届出を行い，再入国許可により出国した16歳未満の中長期在留者が，出国中に16歳の誕生日を迎えた後で再入国し，住民基本台帳法第30条の46の転入届を行った際，掲示された在留カードの有効期間が過ぎていた場合，届出を受理することはできますか。…………………… *29*

Q 16　転出の届出を行った上で再入国許可により出国した外国人住民が，その後，再入国し，転出前と同じ住所地に転入する場合，どのように対応すればよいでしょうか。………… *30*

Q 17　再入国許可により出国した外国人住民が，国外に住所を移したにもかかわらず，転出届をしていなかった場合において，当該外国人住民が再入国し，出国前の住所地市町村と別の市町村に転入するとき，どのように対応すればよいでしょうか。……………………………………………………………… *31*

Q 18　中長期在留者として新規入国した外国人がA市に住所を定めたものの，A市では転入の届出をせず，その後，B市に住所を移してB市において転入の届出を行った場合，住民基本台帳法第何条の届出として受けることとなりますか。……… *32*

Q 19　A市に住所を有していた中長期在留者について，在留期間

5

目　次

　　　　　の経過に係る法務省通知に基づき住民票が消除され，後日，
　　　　　当該者は改めて中長期在留者となりましたが，A市で住民基
　　　　　本台帳法第30条の47の届出を行わず，その後，B市に住所
　　　　　を移してB市において転入の届出を行った場合，住民基本台
　　　　　帳法第何条の届出として受けることとなりますか。……… *33*

Q 20　中長期在留者の住民票について，住民基本台帳法対象外の
　　　　　在留資格に変更された旨の法務省通知に基づき職権で消除し
　　　　　ましたが，その後，当該者が同じ住所を有したまま再び在留
　　　　　資格変更許可により中長期在留者となった場合，住民基本台
　　　　　帳法第何条の届出として受けることとなりますか。……… *34*

Q 21　住民基本台帳法第22条の転入届において，外国人住民が
　　　　　転出証明書は持参しているが，在留カード等を持参していな
　　　　　い場合，届出を受理することはできますか。……………… *35*

Q 22　特別永住者の住民基本台帳法第22条の転入届において，
　　　　　所持するみなし特別永住者証明書の有効期間が経過していた
　　　　　場合，届出を受理することはできますか。………………… *36*

Q 23　不現住が判明したことにより，A市において職権で住民票
　　　　　が消除された外国人住民が，住所を定めないまま転々とした
　　　　　後，新たにB市に住所を定めたとして転入の届出を行う際に，
　　　　　転出証明書を持参していなかった場合，どのように対応すれ
　　　　　ばよいでしょうか。……………………………………………… *37*

Q 24　中長期在留者の住民基本台帳法第22条の転入届において，
　　　　　転出証明書と在留カードで氏名や在留資格等の記載内容が異
　　　　　なっている場合，住民票の記載事項は転出証明書と在留カー
　　　　　ドのどちらに基づいて記載すればよいでしょうか。……… *38*

Q 25　中長期在留者の住民基本台帳法第22条の転入届において，
　　　　　転出証明書に記載されている在留期間の満了の日が既に経過
　　　　　していますが，当該者が在留期間更新申請中であると説明し
　　　　　ている場合，届出を受理することはできますか。………… *39*

目　次

Q 26　住民基本台帳法改正法の施行日（平成24年7月9日）の前から現在まで同じ住所地に居住しているものの，仮住民票作成の基準日（平成24年5月7日）の時点で外国人登録原票上の在留期間が経過していたため仮住民票が作成されなかった外国人について，所持している在留カードと旅券により実際は入管法上の在留期間更新許可に係る手続を行っており継続して在留資格を有していたことが確認できました。この場合，住民票はどのように作成することとなりますか。……　*40*

Q 27　外国人住民が国外に住所を移す場合でも，転出の届出をする必要はありますか。……………………………………………　*41*

Q 28　中長期在留者の住民票について，在留期間が経過した旨の法務省通知に基づき職権で消除しましたが，その後，当該者から，再び中長期在留者になり別の市に転入の届出をするので，転出証明書を交付してほしいとの請求があった場合，どのように対応すればよいでしょうか。………………………　*42*

Q 29　世帯主でない者が転入届等により世帯主との続柄を届け出た場合，日本人であれば戸籍の記載により世帯主との続柄を確認できますが，外国人住民についてはどのようにすればよいでしょうか。………………………………………………　*43*

Q 30　住民基本台帳法第30条の48又は第30条の49に定められている「世帯主との続柄を証する文書」は，原本である必要はありますか。………………………………………………………　*44*

Q 31　続柄を証する文書を添えた届出において，外国人住民から当該文書の還付を求められた場合，これに応じてよいでしょうか。……………………………………………………………　*45*

Q 32　続柄を証する文書が外国語の場合，翻訳者を明らかにした訳文を添付しなければならないとされていますが，どこまで明らかにする必要がありますか。また，訳文の信憑性についてどのように確認すべきでしょうか。………………………　*46*

目 次

Q 33 世帯主（日本人），妻（外国人），妻の連れ子（外国人）の3人世帯が，国外から転入する場合，妻の連れ子の続柄を「妻の子」と記載するためには，続柄を証する文書は必要でしょうか。 ………………………………………………………… *47*

Q 34 A市に住む父，母，子の外国人世帯のうち，子がB市に転出しましたが，その後，A市の両親の世帯に再び転入し，届出を行った場合，続柄を証する文書が必要でしょうか。……… *48*

Q 35 外国人住民の転入の届出等において，続柄を証する文書として住民票の写しが添付された場合，これにより確認できた続柄を住民票に記載してよいでしょうか。 ………………… *49*

Q 36 日本の市町村に離婚届を提出したが，本国に届出をしていない外国人夫婦の妻が，本国で発行された過去の「婚姻証明書」を提出して住民票の続柄に「妻」と変更するための住民基本台帳法第30条の48の届出を行った場合，これを受理することはできますか。……………………………………………… *50*

Q 37 外国人住民の転入の届出において，届出の内容に疑義がある場合，住民票の記載等の処理はどのようにすればよいでしょうか。 …………………………………………………………… *51*

Q 38 実の親であっても，親権者でなく別世帯である者は，子の住所異動等の届出をすることはできますか。また，監護権があった場合はどうでしょうか。 ………………………………… *52*

職権による記載等 ——————————————— *53*

Q 39 外国人の出生届が提出された場合，住民票を作成することはできますか。 ……………………………………………… *53*

Q 40 出生の日から60日を過ぎた外国人の出生届が提出された場合，どのように対応すればよいでしょうか。 …………… *54*

目　次

Q 41　外国人女性が離婚し，300日以内に子が出生したため，民法第772条の嫡出推定の規定の関係上，出生届の提出に至らない場合において，子の出生前に日本人男性より胎児認知届があり，認知調停等の手続が進められている場合，住民票を作成することはできますか。また，同様に外国人男性より認知調停等の手続が進められている場合はどうでしょうか。…… *55*

Q 42　日本人から国籍喪失の届出があった場合，住民票の処理はどのように行いますか。………………………………………………… *57*

Q 43　日本人として住民票が作成されている者から国籍喪失届が提出されましたが，国籍喪失届の「喪失の年月日」から既に60日を経過していた場合，住民票の処理はどのように行いますか。……………………………………………………………… *58*

Q 44　外国人住民から帰化又は国籍取得の届出があった場合，住民票の処理はどのように行いますか。………………………… *59*

Q 45　外国人住民が国内で死亡した場合，住民票の処理はどのように行いますか。……………………………………………………… *60*

Q 46　外国人住民が国内で死亡しましたが，戸籍法第87条に定める届出資格者がいないため死亡届が出されない場合，住民票を消除することはできますか。……………………………………… *61*

Q 47　外国人住民が日本国外で死亡した場合，住民票を消除することはできますか。……………………………………………… *62*

Q 48　転出の届出を行わずに再入国許可により出国したため住民票がある外国人住民について，現在海外にいる本人の代理人から転出の届出があった場合，住民票の処理はどのように行いますか。……………………………………………………… *63*

Q 49　庁内の他部局からの情報提供を端緒に外国人住民に対して実態調査を行ったことにより，当該者が不現住であることが確認できた場合，住民票を消除することはできますか。…… *64*

9

目　次

Q 50　転入の届出の際，続柄を証する文書の提出がなかったことから，世帯主との続柄を「縁故者」と記載した外国人住民から，後日，続柄を証する文書を持参して，続柄を「子」としてほしいとの申出があった場合，どのように対応すればよいでしょうか。……………………………………………………… **65**

Q 51　外国人世帯について，世帯主だけに対して出国した旨の法務省通知が届いたので当該者の住民票を消除しました。住民票が残った世帯員は世帯主の変更が生じることとなりますが，世帯変更の届出がなく，新たに世帯主となる者が確認できない場合，当該住民票の世帯主の記載等の処理はどのようにすればよいでしょうか。…………………………………………… **66**

Q 52　父，母，子の外国人世帯について，世帯主である父だけに対して在留期間満了に係る法務省通知が届いたので住民票を消除し，母と子の２人世帯になりました。世帯主に変更があった者は世帯変更届が必要であるとされていますが，子が幼児である場合でもこの届出は必要でしょうか。……… **67**

Q 53　父，母，子の外国人世帯について，父と母に対して再入国許可の有効期間が経過した旨の法務省通知が届いたので住民票を消除しました。子については法務省通知がないので世帯で１人だけ住民票が残ることとなりますが，子が幼児である場合でも，住民票は子の１人世帯としてよいでしょうか。…… **68**

Q 54　世帯主（日本人男），同居人（外国人女），同居人（外国人男）の３人世帯について，世帯主と同居人（外国人女）が婚姻届を提出し，続柄を「妻」に変更する際，婚姻届の添付書類により同居人（外国人男）が同居人（外国人女）の父であることが確認できた場合，同居人（外国人男）の続柄を「妻の父」と変更してもよいでしょうか。………………………………… **69**

目次

法務省と市町村の情報連携 ─────────── 70

- Q 55 　外国人住民が国外転出するに当たって転出の届出を行った場合，住民票を消除することとなりますが，消除する日は出国した旨の法務省通知を受けた日と転出予定年月日のどちらでしょうか。……………………………………………… 70

- Q 56 　転出届を受理した外国人住民について，転出予定年月日前に在留資格を変更した旨の法務省通知が届いた場合，住民票の処理はどのようにすればよいでしょうか。…………… 71

- Q 57 　転出届を受理した外国人住民について，転出予定年月日前に在留期間を経過した旨の法務省通知が届いた場合，住民票の処理はどのようにすればよいでしょうか。…………… 72

- Q 58 　外国人住民の転出届を受理し，転出予定年月日に住民票を消除した後に，当該者に係る出国した旨の法務省通知が届いた場合，既に消除した住民票に当該法務省通知に関する記載をするべきでしょうか。………………………………… 73

- Q 59 　外国人住民について，既に出国しているとの連絡が関係者からありましたが，当該者は転出の届出を行っておらず，出国した旨の法務省通知も届いていない場合，どのように対応すればよいでしょうか。………………………………………… 74

- Q 60 　中長期在留者の所持する在留カードに記載されている在留資格，在留期間等が住民票の記載内容と異なっていたので本人に確認したところ，本日，地方入国管理局で在留資格の変更許可を受けて新たな在留カードが交付されたことが判明しました。法務省通知は毎日業務終了後に届き，翌日に法務省通知の内容を住民票に反映させていますが，本人が最新の情報が記載された住民票の写しの交付を求めた場合，法務省通知を待たず在留カードに基づいて住民票の記載を修正してもよいでしょうか。………………………………………………… 75

11

目次

Q 61　特別永住者が氏名を変更したとのことで，特別永住者証明書の住居地以外の記載事項の変更届出を行ったので，必要書類等を法務省の発行拠点に送付し，その後，法務省通知が届きましたが，まだ新たに作成された特別永住者証明書は法務省から届いていないので，本人に交付していません。この状況で，住民票の氏名及び特別永住者証明書の番号を，法務省通知に基づいて変更後のものに修正してもよいでしょうか。… *77*

Q 62　法務省通知に基づき職権で住民票を修正又は消除した場合も，外国人住民本人への通知等を行う必要はありますか。… *79*

記載事項 ——————————————————— *80*

Q 63　住民票に記載する氏名について，日本人であれば戸籍に記載されている氏名を記載することとされていますが，外国人住民の場合はどのように記載するのでしょうか。………… *80*

Q 64　住民基本台帳法第30条の46の届出において，在留カードが即時交付されない出入国港で上陸許可を受けたために，中長期在留者が在留カードを所持していない場合，住民票の氏名は何に基づいて記載するのでしょうか。…………… *81*

Q 65　住民基本台帳法第30条の46の届出において，後日在留カードを交付する旨の記載がされた旅券の提示があり，当該旅券の氏名に，カンマ，ピリオド，ハイフンが記載されていた場合，住民票の氏名はどのように記載するのでしょうか。… *82*

Q 66　出生による経過滞在者として作成する住民票はどのように記載するのでしょうか。……………………………… *83*

Q 67　外国人住民が帰化又は国籍取得したことにより，日本人住民として作成する住民票はどのように記載するのでしょうか。
　　　　………………………………………………………………… *84*

Q 68　出生届に基づき住民票を作成した後で，氏名の訂正のため

目　次

の追完届が出された場合，追完届に基づいて住民票の氏名を修正してもよいでしょうか。……………………………………… *85*

Q 69 住民票の氏名がローマ字表記のみで記載されている中長期在留者から，住民票に漢字氏名を併記してほしいとの申出があった場合，どのように取り扱えばよいでしょうか。……… *86*

Q 70 本国政府機関に対し婚姻による氏名変更の手続を行った中長期在留者から，変更後の氏名が記載された旅券に基づいて住民票の氏名を変更してほしいとの申出があった場合，どのように取り扱えばよいでしょうか。………………… *87*

Q 71 日本人の配偶者である外国人住民について，当該者の在留カードに記載されている氏名の漢字と日本人配偶者の戸籍の配偶者氏名欄に記載されている当該者の氏名の漢字が異なっていた場合，住民票の氏名はどちらの漢字を記載すればよいでしょうか。………………………………………………………… *88*

Q 72 住民基本台帳法第30条の46の届出において，提示された在留カードの氏名が旅券の氏名と異なっていたので，法務省入国管理局に確認したところ，在留カードの氏名の記載を誤って交付した事実が判明しました。この場合，どのように取り扱えばよいでしょうか。……………………………………… *89*

Q 73 外国人住民の氏名のふりがなは，どのように記載すればよいでしょうか。……………………………………………………… *90*

Q 74 住民基本台帳法第30条の46の届出において，提示された在留カードの生年月日の月と日がそれぞれ「00」（ゼロゼロ）と記載されていた場合，住民票の「出生の年月日」はどのように記載すればよいでしょうか。………………………………… *91*

Q 75 中長期在留者から，生年月日が変更された旅券を提示して住民票の「出生の年月日」を変更してほしいとの申出があった場合，これに応じて修正してもよいでしょうか。…………… *92*

目 次

Q 76　住民票の国籍・地域に朝鮮と記載されている特別永住者から，韓国総領事館が発行した国民登録完了証明書を提示して，住民票の国籍・地域を韓国に変更してほしいとの申出があった場合，どのように取り扱えばよいでしょうか。………… 93

Q 77　日本を含まない二重国籍者である中長期在留者から，表面と裏面それぞれに異なる国籍が記載された在留カードを提示して，住民票の国籍・地域にも2つの国籍を記載してほしいとの申出があった場合，これに応じてよいでしょうか。……… 94

Q 78　本国において妻が複数認められている外国人住民について，続柄を証する文書によって世帯員それぞれとの婚姻関係を確認できる場合，世帯員の続柄はどのように記載すればよいでしょうか。……………………………………………… 95

Q 79　外国人住民同士の同性婚の場合，世帯主との続柄はどのように記載すればよいでしょうか。…………………………… 96

Q 80　住民基本台帳法第30条の46又は第30条の47の届出において，「従前の住所」として本国の住所を記載してほしいとの申出があった場合，これに応じてよいでしょうか。………… 97

Q 81　在留資格「短期滞在」の上陸許可を受けて入国した外国人が在留資格変更許可を受けて中長期在留者となり，住民基本台帳法第30条の47の届出をした場合，住民票の「外国人住民となった年月日」に入国した年月日を記載してもよいでしょうか。……………………………………………………… 98

Q 82　施行日の前から居住していた外国人住民の住民基本台帳法附則第5条の届出に基づいて作成する住民票は，どのように記載するのでしょうか。………………………………………… 99

Q 83　住民基本台帳制度における外国人住民の通称とは，どのようなものでしょうか。………………………………………… 100

Q 84　住民基本台帳法施行令第30条の26第1項に規定する「当

14

目　次

該呼称が居住関係の公証のために住民票に記載されることが必要であることを証するに足りる資料」とは，どのようなものでしょうか。………………………………………………… ***101***

Q 85　通称の記載を求める申出において，国内における社会生活上通用していることの確認は必ず行わなければなりませんか。
………………………………………………………………… ***102***

Q 86　日本に初めて入国した直後の外国人住民から通称の記載の申出があった場合，これに応じることはできますか。……… ***103***

Q 87　氏名と同一の呼称を住民票に通称として記載してほしいとの申出があった場合，これを認めることはできますか。…… ***104***

Q 88　在留カード及び住民票の氏名がローマ字表記のみで記載されている中長期在留者から，旅券等の本国政府発行の文書に記載されている漢字氏名を住民票に通称として記載してほしいとの申出があった場合，これを認めることはできますか。
………………………………………………………………… ***105***

Q 89　住民票への通称の記載の申出において，申し出ている通称が立証資料に記載されている通称と一部異なっています。本人によると，通称が長く健康保険証と年金手帳に記載できる文字数を超えているため一部分について省略されてしまったとのことですが，住民票には申出書のとおり通称を記載することを希望している場合，これに応じることはできますか。… ***106***

Q 90　通称として使用できる文字について，簡体字，繁体字，ローマ字等の外国の文字やカンマ，ピリオド，ハイフン等の記号を使用することは認められないと考えますが，どうでしょうか。…………………………………………………… ***107***

Q 91　婚姻に伴って配偶者の氏と同じ氏の通称を住民票に記載している外国人住民が離婚した場合，職権で通称を削除する必要はありますか。また，同様の場合で，婚姻前に別の通称

目 次

を記載していた者について，職権で従前の通称に変更する必要はありますか。……………………………………………… **108**

Q 92 住民票に通称が記載されていない外国人住民から，離婚した配偶者や死別した配偶者の氏を使用した通称の記載を求める申出があった場合，これを認めることはできますか。……… **109**

Q 93 日本人男性と婚姻した外国人女性の実子の通称について，日本人男性と当該子は養子縁組をしておらず，住民票の続柄は「妻の子」と記載しており，当該子の母の住民票に通称の記載がありませんが，母の夫の氏と同じ氏の通称の記載を求める申出があった場合，これを認めることはできますか。…… **110**

Q 94 外国人住民の親子について，住民票に子は通称を記載していますが，親は記載していなかったところ，親が子の通称の氏と同じ氏の通称の記載を求める申出があった場合，これを認めることはできますか。………………………………… **111**

Q 95 住民票に通称が記載されている外国人住民から，通称を変更したいとの申出があった場合，これを認めることはできますか。………………………………………………………… **112**

Q 96 いわゆる通称の変更が認められるときは，どのような場合でしょうか。……………………………………………………… **113**

Q 97 婚姻に伴って配偶者の氏を通称の氏として住民票に記載していた外国人住民から，離婚したので婚姻前に使用していた従前の通称に戻したいとの申出があった場合，従前の通称を記載することはできますか。………………………… **114**

Q 98 婚姻前は住民票に通称の記載がなかった外国人住民が，婚姻により配偶者の氏を通称の氏として住民票に記載した後に離婚した場合，婚姻前のものとは別の新たな氏の通称を記載することはできますか。……………………………………… **115**

Q 99 通称を漢字で記載している外国人住民から，当該通称をカ

16

目　次

　　　　タカナ読みにしたものに変更したいとの申出があった場合，認めることはできますか。………………………………… *116*

Q100　母が離婚したことにより，住民票の通称を婚姻前に使用していた通称に変更したとき，母と同じ氏の通称を記載している子について，母の変更後の通称と同じ氏の通称に変更したいとの申出があった場合，これを認めることはできますか。… *117*

Q101　住民基本台帳法第22条の届出において，提出された転出証明書に通称は記載されているが，「通称の記載及び削除に関する事項」が記載されていなかった場合，住民票の処理はどのようにすればよいでしょうか。………………………… *118*

Q102　本来通称に使用できない外国の文字や記号が記載された通称が転出証明書に記載されている者が転入した場合，当該通称を職権で修正してもよいでしょうか。……………………… *119*

Q103　住民票に通称を記載していた外国人住民が国外に転出した後，再度同じ市町村に転入し住民基本台帳法第30条の46の届出を行った際に，転出前と同じ通称を今回も住民票に記載することを希望した場合，除票により通称が確認できるので当該通称を職権で記載してもよいでしょうか。それとも，通称の記載を求める申出書の提出が必要でしょうか。…………… *120*

Q104　本国の氏名の漢字が簡体字等であり，在留カード等及び住民票の漢字が当該文字と同じ形の正字で氏名が記載されている外国人住民から，当該文字を別の日本の正字に置き換えて日本の社会生活を送っているので，当該氏名を通称として住民票に記載してほしいとの申出が疎明資料を添えてあった場合，これを認めることはできますか。……………………… *121*

Q105　住民票を改製する際，旧住民票に記載された通称の記載及び削除に関する事項については，省略することなくすべて新住民票に移記する必要はありますか。…………………… *122*

17

目　次

住民票の写し等の交付 ─────────────── *123*

Q106　住民票に通称が記載されている外国人住民に係る住民票の写し等の交付について，氏名の記載を省略した住民票の写し等の交付請求があった場合，どのように対応すればよいでしょうか。………………………………………………………… *123*

Q107　住民票に通称が記載されている外国人住民に係る住民票の写し等の交付について，通称の記載を省略した住民票の写し等の交付請求があった場合，どのように対応すればよいでしょうか。………………………………………………………… *124*

Q108　中長期在留者に係る住民票の写し等の交付について，在留資格を記載し，在留期間と在留期間の満了の日の記載を省略した住民票の写し等の交付請求があった場合，どのように対応すればよいでしょうか。……………………………………………… *125*

Q109　在留期間の満了の日を経過した外国人住民に係る住民票の写し等の交付請求があった場合，どのように対応すべきでしょうか。………………………………………………………… *126*

Q110　施行日（平成24年7月9日）に住民票が作成されたものの，施行日前に事実上国外に転出していた場合等，施行日時点で住民基本台帳法の適用対象外であったことが後に判明した外国人について，住民票を職権で消除しました。当該消除した住民票の写し等の交付請求があった場合，どのように対応すればよいでしょうか。……………………………………… *127*

Q111　外国人住民が離婚し，母子と父が別住所に異動した場合，父は子の住民票の写し等の交付請求をすることはできますか。………………………………………………………………………… *128*

Q112　帰化により日本人になった者に係る住民票の写し等の交付について，第三者請求において申出者が記載した請求対象者の氏名が帰化する以前の外国人住民としての氏名だった場合，

18

　　　　　　　　　　　　　　　　　　　　　目　　次

　　　　　請求に応じることはできますか。 ………………………… *129*

Q113　住民票の写し等の交付請求があった場合，氏名のふりがな
　　　　は記載して交付するのでしょうか。 ……………………… *130*

Q114　住民票の写し等の交付について，住民票の備考欄を記載し
　　　　て交付することはできますか。 …………………………… *131*

住民基本台帳ネットワークシステム ———————— *132*

Q115　外国人住民が転出の届出をすることなく国外に転出し，後
　　　　日，他市町村へ国外から転入した場合，住民票コードの取扱
　　　　いはどのようにしたらよいでしょうか。以前記載されていた
　　　　市町村の住民票コードを引き継ぐのでしょうか。それとも，
　　　　新たな住民票コードを付番するのでしょうか。 …………… *132*

Q116　住民基本台帳法第30条の46又は第30条の47の届出にお
　　　　いても，本人確認情報検索を行い，以前記載された住民票
　　　　コードの確認ができた場合は，当該住民票コードを記載する
　　　　のでしょうか。 ……………………………………………… *133*

Q117　外国人住民の住民基本台帳法第30条の46の届出において，
　　　　住民基本台帳ネットワークシステムの本人確認情報検索をし
　　　　たところ，当該者にかつて日本人としての住民票があり住民
　　　　票コードが記載されていたことが確認できた場合，住民票
　　　　コードの取扱いはどうすればよいでしょうか。 …………… *134*

Q118　外国人住民について，住民基本台帳ネットワークシステム
　　　　等に関する規定の適用日（平成25年7月8日）前に住民票
　　　　を消除すべき事由が生じていたことを適用日以後に把握した
　　　　場合等，本来付番されるべきではない住民票コードが記載さ
　　　　れた住民票はどのように取り扱えばよいでしょうか。 …… *135*

Q119　施行日（平成24年7月9日）に住民票が作成され，適用
　　　　日（平成25年7月8日）に住民票コードが付番されたが，

19

目次

施行日前に出国しており，本邦に居住実態がないとして住民票が消除された者について，その後，新たに住民票を作成する場合に，消除された住民票に記載された住民票コードは引き継ぐのでしょうか。.. *136*

Q120 外国人住民の氏名又は通称のふりがなを修正した場合，本人確認情報の更新は行うのでしょうか。.................... *137*

Q121 帰化若しくは国籍取得又は国籍喪失により，住民票の記載及び消除を行った場合の本人確認情報の異動事由及び異動日はどのように設定するのでしょうか。.................... *138*

通知カード・マイナンバーカード ——————— *139*

Q122 住民票に通称が記載されている外国人住民から，券面に氏名又は通称のいずれか片方のみが記載されたマイナンバーカードの交付を求められても，応じることはできないと考えますが，どうでしょうか。.................................... *139*

Q123 マイナンバーカードの交付を受けている外国人住民が入管法上の手続に伴い新たな在留カードの交付を受けた際に，氏名の順序等，表記が変わった場合，住民票は法務省通知に基づいて職権修正しますが，マイナンバーカードはどのように取り扱いますか。... *140*

Q124 マイナンバーカードの交付を受けている外国人住民に係る住民票に通称の記載又は削除を行った場合，マイナンバーカードの処理はどのように行えばよいでしょうか。............... *141*

Q125 外国人住民の氏名及び通称の字数が多いため，表面に一部が記載されていないマイナンバーカードが作成された場合，当該カードの処理はどのように行えばよいでしょうか。......... *143*

Q126 外国人住民の場合，住民票の生年月日は西暦で記載されていますが，マイナンバーカードでも同様に西暦で記載するの

20

目　　次

でしょうか。……………………………………………………… *144*

Q127　マイナンバーカードの交付を受けている外国人住民が帰化又は国籍取得した場合，マイナンバーカードはどのように取扱いますか。……………………………………………………… *145*

Q128　外国人住民のマイナンバーカードの有効期間はどのように設定されますか。………………………………………………… *146*

Q129　マイナンバーカードの交付を受けている外国人住民が在留期間の更新や在留資格の変更の許可を受けた場合，マイナンバーカードの有効期間はどのように取り扱えばよいでしょうか。…………………………………………………………… *147*

Q130　マイナンバーカードの交付申請の時点で，以下のように有効期間を設定できないことが見込まれる場合は，どのように対応すればよいでしょうか。
- 在留期間の満了の日が到来しているが，在留期間更新等許可申請中であることが在留カードから確認できる場合（特例期間中である場合）
- マイナンバーカードの交付予定日の前に在留期間の満了の日が到来することが見込まれる場合……………………… *148*

Q131　マイナンバーカードの交付を受けている外国人住民から，国外への転出届があった場合，マイナンバーカードの返納も必要でしょうか。………………………………………………… *149*

Q132　マイナンバーカードの電子証明書の有効期間は原則として発行の日後5回目の誕生日までですが，マイナンバーカードの有効期間が在留期間の満了日までであるため，それより前に満了する外国人住民の場合，電子証明書の有効期間はどうなるのでしょうか。………………………………………………… *150*

21

目次

印鑑登録 ———————————————————— 151

Q133　在留資格「短期滞在」で在留している外国人は，印鑑登録を受けることはできないのでしょうか。 …………… 151

Q134　住民票の氏名に漢字表記がされている外国人住民について，簡体字等による印影の印鑑の登録は認められますか。………… 152

Q135　外国人住民の通称を印鑑登録することはできますか。……… 153

Q136　外国人住民の氏名をカタカナ表記したものを印鑑登録することはできますか。…………………………… 154

Q137　「非漢字圏の外国人住民」とは，どのような者をいうのですか。………………………………… 155

Q138　印鑑登録している非漢字圏の外国人住民について，法務省通知に基づき職権で住民票の氏名の順序を変更した場合，住民票の備考欄に記載している氏名のカタカナ表記も，職権で変更して差し支えないでしょうか。………… 156

第3　参考資料 ———————————————————— 157

　「第2　Q&A」に出現する「住民基本台帳事務処理要領」，「通知カード及び個人番号カードの交付等に関する事務処理要領」，「印鑑登録証明事務処理要領」の該当項目の全文を参考資料として登載いたしました。

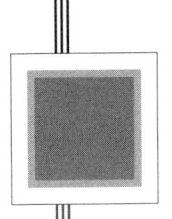

第1

改正の経緯等

はじめに

　近年，我が国に入国・在留する外国人は大幅に増加しています。また，在留外国人の在留期間の長期化や国内移動の増加等行動様式にも変化がみられています。

　このような背景のもとで，日本人と同様に，外国人住民についても住民基本台帳の対象に加え，外国人住民の利便の増進及び市町村等の行政の合理化を図ることを目的として，「住民基本台帳法の一部を改正する法律」（以下「住基法改正法」という。）が第171回国会で成立し，平成21年7月15日に公布されました（平成21年法律第77号）。

　この改正により，外国人住民を住民基本台帳法（昭和42年法律第81号。以下「住基法」という。）の適用対象に加えること，具体的には，住民票の記載事項等外国人住民に関して必要となる特例等について所要の改正が行われました。住基法改正法のうち，外国人住民関係の改正の施行期日は，住基法改正法と同日に公布された出入国管理及び難民認定法及び日本国との平和条約に基づき日本の国籍を離脱した者等の出入国管理に関する特例法の一部を改正する等の法律（平成21年法律第79号）の施行日である平成24年7月9日とされました。

1　改正の経緯

　住基法改正法の施行前は，我が国に入国・在留する外国人は，出入国管理及び難民認定法（昭和26年政令第319号。以下「入管法」という。）に基づき上陸を許可されたのち，居住する市町村の窓口で外国人登録法（昭和27年法律第125号。以下「外登法」という。）に基づく外国人登録を行っていました。市町村は外国人登録によって当該外国人の身分関係や居住関係の情報を把握し，その情報を事実上各種の行政事務に活用してサー

はじめに

ビスを提供していましたが，外登法は，①市町村長による職権修正などは認めておらず，外国人登録制度に基づく外国人登録原票に記載されている情報が居住等の実態と乖離していても，修正することができない，②法務省からの情報の連携が規定されておらず，例えば，外国人が地方入国管理局で手続を行う在留資格の変更・在留期間の更新等についても，当該外国人が改めて市町村で変更登録を申請しない場合は，当該市町村は更新情報を把握することができない，といった問題点が指摘されていました。

　一方，法務省においては，それまでの在留管理制度を見直し，外国人の公正な在留管理を行うため，法務大臣が必要な情報を継続的に把握する制度を構築すること等を目的とした制度改正を検討しており，これに伴い，外登法は廃止されることが検討されていました。このため，外登法が廃止された後，市町村が外国人住民を把握し，各種行政サービスを円滑に提供する基盤としての名簿を整備する必要性が生じました（なお，新しい在留管理制度等を内容とする，出入国管理及び難民認定法及び日本国との平和条約に基づき日本の国籍を離脱した者等の出入国管理に関する特例法の一部を改正する等の法律（平成21年法律第79号）については，住基法改正法と同様，平成21年7月15日に公布され，平成24年7月9日に施行されました。）。

　また，政府においては，「規制改革推進のための3か年計画（改定）」（平成20年3月25日閣議決定）において，外国人登録制度を見直し，市町村が外国人についても住民として正確な情報を保有して，その居住関係を把握する法的根拠を整備する観点から，住民基本台帳制度も参考とし，適法な在留外国人の台帳制度へと改編することとし，遅くとも平成21年通常国会までに関係法案を提出することとされました。

　こうした経緯を踏まえ，平成20年4月17日から「外国人台帳制度に関する懇談会」（以下「懇談会」という。）において，在留外国人の正確な情報を把握し，住民行政の基礎とするための，適法な在留外国人の台帳制度について検討が行われました。懇談会は，約7か月にわたり，地方公共団体や外国人有識者からのヒアリングも含め合計9回の会議を開催し，その

結果を，平成20年12月18日に報告書にまとめました。そして，この報告書の内容を基本として法案の内容を検討した結果，日本の国籍を有しない者について適用を除外していた従来の住基法を改正し，外国人住民の利便の増進及び市町村等の行政の合理化を目的として，外国人住民をその適用対象に加えることとしたものです。

2　改正の概要

　住基法は，市町村において，住民の居住関係の公証をはじめ，住民に関する事務の処理の基礎とするとともに，住民の住所に関する届出等の簡素化を図り，あわせて住民に関する記録の適正な管理を図るため，住民に関する記録を正確かつ統一的に行う住民基本台帳の制度を定めており，もって住民の利便を増進するとともに，国及び地方公共団体の行政の合理化に資することを目的としています。

　住基法改正法により，日本人と同様に，外国人住民についても住民票が作成され，日本人の住民票と外国人住民の住民票が世帯ごとに編成され，住民基本台帳が作成されることになりました。これにより，市町村は外国人住民に関する事務処理の基礎とするとともに，これまで住民基本台帳制度と外国人登録制度の別々の制度で把握していた複数国籍世帯，すなわち日本人と外国人で構成する一の世帯について，より正確に世帯構成を把握することが可能になりました。また，外国人住民の市町村窓口における届出等の簡素化が図られることとなりました。

　外国人住民を住基法の適用対象に加えることに伴い，既存の住民基本台帳制度の各規定，例えば，転入届・転出届等の届出に関する規定，住民基本台帳の一部の写しの閲覧，住民票の写し等の交付といった公証制度に関する規定，住民基本台帳ネットワークシステムに関する規定等については，日本人と同様に，外国人住民にも適用されることとなりました。なお，住民基本台帳ネットワークシステムの規定については，施行日からさらに1年以内の政令で定める日（平成25年7月7日）まで，外国人住民については適用しないこととされ（住基法改正法附則第9条），結果として，適

用されたのは平成25年7月8日となりました。

住基法改正法では，外国人住民が住民基本台帳制度の適用対象となることに伴い，特例的な取扱いを定める必要があるもの等について規定を設けており，具体的には以下の項目があげられます。

住民票を作成する対象者について

　住民基本台帳制度の対象となる外国人は，日本の国籍を有しない者のうち，次の4つの区分のいずれかに該当する者であって，市町村の区域内に住所を有する者です（改正後の住基法（以下「法」という。）第30条の45）。観光目的で入国した外国人などの短期滞在者等は対象外となっています。

(1)　中長期在留者

　入管法上の在留資格をもって我が国に在留する外国人であって，3月以下の在留期間が決定された者や，短期滞在・外交・公用の在留資格を決定された者等以外の者をいいます。入管法の規定に基づき，法務大臣から在留カードが交付されます。

(2)　特別永住者

　日本国との平和条約に基づき日本の国籍を離脱した者等の出入国管理に関する特例法（平成3年法律第71号。以下「入管特例法」という。）に定められた特別永住者をいいます。入管特例法の規定に基づき，法務大臣から特別永住者証明書が交付されます。

(3)　一時庇護許可者又は仮滞在許可者

　入管法の規定により，船舶等に乗っている外国人が難民の可能性がある

場合等の要件を満たすときに一時庇護のための上陸の許可を受けた者（一時庇護許可者）や，在留資格を取得していない外国人から難民認定申請があり，一定の要件を満たしていることから，仮に本邦に滞在することを許可された者（仮滞在許可者）をいいます。入管法の規定に基づき，当該許可に際して，法務大臣から一時庇護許可書又は仮滞在許可書が交付されます。

(4) 出生による経過滞在者又は国籍喪失による経過滞在者

出生又は日本国籍の喪失により我が国に在留することとなった外国人をいいます。入管法の規定により，当該事由が生じた日から60日を限り，在留資格を有することなく在留することができます。

住民票の記載事項について

住民票の記載事項は，氏名，出生の年月日，男女の別，住所等の基本的な事項に加え，国民健康保険や国民年金等の被保険者については，その資格に関する事項が記載されることとなっています。外国人住民に係る住民票の記載事項としては，このうち，日本人であることを前提とした項目である戸籍の表示等，住民となった年月日，選挙人名簿への登録の有無は記載事項から除外されており，一方で，次のような外国人住民特有の事項が記載事項とされています（法第30条の45，法施行令第30条の25）。

(1) 国籍等

国籍の属する国又は入管法に規定する地域をいいます。

(2) 外国人住民となった年月日

外国人住民は，我が国に適法に在留することができること（前記の(1)か

ら(4)のいずれかに該当すること）と住所を有することという2つの要件を満たす必要があり，両者をともに満たすことになった年月日を「外国人住民となった年月日」といいます。

(3) 法第30条の45の表の下欄に掲げる事項

　外国人住民は，前記の(1)から(4)の区分に応じ，それぞれ在留資格，在留期間等に関する記載事項が定められています。

　具体的には，中長期在留者については，「中長期在留者である旨」と「在留カードに記載されている在留資格，在留期間及び在留期間の満了の日並びに在留カードの番号」，特別永住者については「特別永住者である旨」と「特別永住者証明書に記載されている特別永住者証明書の番号」，一時庇護許可者又は仮滞在許可者については「一時庇護許可者又は仮滞在許可者である旨」と「上陸期間（一時庇護許可者の場合）又は仮滞在許可書に記載されている仮滞在期間（仮滞在許可者の場合）」，出生による経過滞在者又は国籍喪失による経過滞在者については「出生による経過滞在者又は国籍喪失による経過滞在者である旨」をいいます。

(4) 通称

　氏名以外の呼称であって，国内における社会生活上通用していることその他の事由により居住関係の公証のために住民票に記載することが必要であると認められるものをいいます。

(5) 通称の記載及び削除に関する事項

　外国人住民に係る住民票に通称を記載した場合における当該通称を記載した市町村名及び年月日と外国人住民に係る住民票に記載されている通称を削除した場合における当該通称，当該通称を削除した市町村名及び年月日をいいます。

外国人住民に係る住民票の記載等について

　住民票の記載，消除又は記載の修正は，原則として住基法の規定による届出に基づき，又は職権で行うものとされています（法第8条）。これらの基本的な手続に関する住基法の規定は，外国人住民についても日本人と同様に適用されます。ただし，外国人住民に関しては，これまでの住基法上の届出等とは異なる手続が定められています。

　まず，外国人住民は，住民基本台帳に初めて記録される場合として，国外から転入してくることが想定され，その場合に係る届出として転入届の特例の規定を設けています（法第30条の46）。また，外国人住民は，我が国に適法に在留することができることと住所を有するという2つの要件を満たす必要があることから，法第30条の46は在留資格の要件を満たした後に住所を定めた場合の届出であるのに対し，住所を有するという要件を満たした後に，一定の在留資格を得た場合の届出に関する規定を別に設けています（法第30条の47）。

　また，これらの届出に際しては，記録の正確性を確保するため，外国人住民に対し，在留カード等の提示を求めており，市町村の窓口では提示のあった在留カード等を確認しながら，これらの届出に基づいて外国人住民の住民票を作成することとなります。なお，世帯主でない外国人住民であってその世帯主が外国人住民であるものについては，転入届等が提出されても，日本人と異なり戸籍が編成されていないことから，世帯主との続柄について確認することができないため，転入届等の際に世帯主との続柄を証する文書を提出することとされています（法第30条の49）。

　さらに，外国人住民については，戸籍法の規定による届出を行うことなく，婚姻，養子縁組等，親族関係や婚姻関係等の身分関係を形成することがあり，住所の異動がなく，かつ当該外国人住民が属する世帯又は世帯主

にも変更がなければ，当該身分関係の形成に伴う世帯主との続柄の変更を市町村で把握することができないことから，外国人住民の世帯主との続柄の変更の届出に関する規定を定めています（法第30条の48）。

【 法務大臣との連携について 】

　外国人住民について，氏名等の変更の届出や在留資格の変更，在留期間の更新等の手続については地方入国管理局で行うこととされており，これらの情報について，住民基本台帳で正確な記録を行うためには，外国人住民の身分事項に関する情報や在留資格・在留期間等に関する情報を正確に把握している法務大臣と連携を行う必要があります。このため，氏名，生年月日，性別，国籍等又は法第30条の45の表の下欄に掲げる事項に変更があったこと又は誤りがあることを知ったときは，法務大臣は，遅滞なく，その旨を当該外国人住民の住所地の市町村長に通知することを定めています（法第30条の50）。また，一方では，市町村長が住基法上の届出や，出生，死亡等に伴う戸籍法上の届出に基づき，外国人住民に係る住民票の記載，消除，記載の修正をしたときは，直ちにその旨を法務大臣に通知することが入管法により定められています（入管法第61条の8の2）。このように，市町村長と法務大臣が連携を行うことにより，外国人住民に入国管理局と市町村で二重の届出の負担がかかることを避けるとともに，住民基本台帳の記録の正確性の確保を図っています。

【 制度移行のための措置 】

　従来の外国人登録制度から住民基本台帳制度への円滑な移行を図るため，

住基法改正法の附則により移行措置の規定が設けられました。具体的には，基準日（平成24年5月7日）において市町村の外国人登録原票に登録されている者のうち，施行日において当該市町村の外国人住民に該当すると見込まれるものについて，仮住民票を作成しました（住基法改正法附則第3条第1項）。また，基準日後，施行日の前日までの間に市町村の外国人登録原票に登録され，施行日において当該市町村の外国人住民に該当すると見込まれるものについても同様の手続をとりました（同条第2項）。仮住民票の記載は，外国人登録原票に記載された情報や，国民健康保険の被保険者の資格に関する記録等に基づいて行いました（同条第3項）。また，作成した仮住民票の記載事項を本人に通知し，修正等が必要な場合には，施行日までに当該仮住民票の修正等を行い（同条第5項，第6項），仮住民票は施行日において住民票となりました（住基法改正法附則第4条）。

　仮住民票が作成されず，施行日において現に外国人住民であるにもかかわらず，住民票が作成されていない外国人住民については，施行日から14日以内に市町村長に届出をしなければならないこととされています（住基法改正法附則第5条）。

　以上のような移行方法により，外国人の届出負担を軽減しつつ，住民票に記載される事項の正確性を確保しながら制度の円滑な移行を措置したものです。

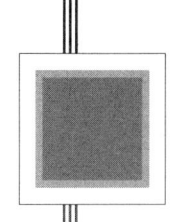

第2 Q&A

外国人住民に係る住民票の作成対象者

Q1 住民基本台帳制度の対象となる外国人住民は，どのような人ですか。

A 住民基本台帳制度の対象となる外国人住民は，出入国管理及び難民認定法（以下「入管法」という。）及び日本国との平和条約に基づき日本の国籍を離脱した者等の出入国管理に関する特例法（以下「入管特例法」という。）で規定されている以下の者に該当する者であり，かつ，市町村の区域内に住所を有する者です。

① 中長期在留者
② 特別永住者
③ 一時庇護許可者又は仮滞在許可者
④ 出生による経過滞在者又は国籍喪失による経過滞在者

なお，中長期在留者は在留カード，特別永住者は特別永住者証明書，一時庇護許可者は一時庇護許可書，仮滞在許可者は仮滞在許可書が法務大臣から交付されます。

外国人住民に係る住民票の作成対象者

> **Q2** 日本と外国の国籍を有する重国籍者については，日本人としての住民票と外国人としての住民票のどちらで作成すればよいでしょうか。

A 住民基本台帳法第30条の45において，外国人住民とは，日本の国籍を有しない者のうち同法第30条の45の表の上欄に掲げる者であつて市町村の区域内に住所を有する者とされています。

　したがって，日本と外国の国籍を有する重国籍者は日本の国籍を有するため，日本人として住民票を作成することとなります。

　なお，地方入国管理局が，重国籍者に対して日本国籍を有していることを把握できずに在留カードを交付していても，市町村において，当該者が日本国籍を有していることを把握したのであれば，日本人として住民票を作成することとなります。また，この場合，住留資格や在留カードの取扱いに関して地方入国管理局に相談するよう当該者に案内することが望ましいと考えます。

Q3 外国人として住民票が作成されている者が、以前より日本国籍があったことが判明した場合、どのように対応すればよいでしょうか。

A 戸籍等により日本国籍を有していることが判明した場合は、外国人としての住民票を住民基本台帳法施行令第8条、第12条第3項に基づいて消除します。

その上で、同法施行令第7条、第12条第3項に基づいて日本人としての住民票を作成します。その際、日本国籍を有していたことが明らかになったことにより記載・消除した経過がわかるよう備考として記載することが適当です。

また、同一市町村内に引き続き住むようになった最初の年月日を「住民となった年月日」として記載します（住民基本台帳事務処理要領第2－1－(2)－カ）。

なお、在留資格や在留カードの取扱いに関して地方入国管理局に相談するよう当該者に案内することが望ましいと考えます。

Q4 「短期滞在」の在留資格を有している外国人が，在留期間更新許可を受けたことにより，当該在留資格のまま3月を超えて滞在している場合，住民票は作成できますか。

A 「短期滞在」の在留資格を有している外国人が地方入国管理局で在留期間更新許可を受けて，日本での居住が3月を超えていたとしても，在留資格が「短期滞在」である限り中長期在留者に該当しませんので，住民票の作成対象にはなりません。

> **Q5** 「外交」の在留資格を有している者や不法滞在者等，自身が住民基本台帳法の対象外である外国人から，子の出生届が提出された場合，当該子の住民票を作成することはできますか。

A 親の在留資格に関わらず，国内で出生した外国人は出生から60日までは，出生による経過滞在者に該当しますので，出生届に基づき，経過滞在者として住民票を作成します。

なお，出生後60日経っても中長期在留者等にならなかった場合は，住民基本台帳法第30条の50に基づく法務大臣からの通知（以下「法務省通知」という。）により，住民票を職権で消除することとなります。

外国人住民に係る住民票の作成対象者

> **Q6** 住民票が作成されている外国人住民の子が日本国外で出生し，日本にいる父からその旨の申出があった場合，出生による経過滞在者として住民票を作成することはできますか。

A 出生による経過滞在者とは，入管法第22条の2第1項の規定により，国内において出生した日本の国籍を有しない者で，在留資格を有することなく在留することができるものをいうことから，国外で出生した者は出生による経過滞在者に該当しません。また，父母ともに外国人の子が国外で出生した場合，戸籍法の適用を受けないので出生届を提出するものではないと承知しています。したがって，住民票を作成することはできません。

なお，当該者がその後入国し，中長期在留者としての在留資格を有している場合，住民基本台帳法第30条の46又は第30条の47の届出により住民票を作成することとなります。

外国人住民に係る住民票の作成対象者

> **Q7** 日本人の父と外国人の母の間に生まれ日本人として住民票が作成されている子について，親子関係不存在確認の裁判が確定し，当該者に日本国籍がないことが判明したので，戸籍を削除し，日本人としての住民票を消除することとなりますが，このとき，裁判の確定の日から60日を経過していない場合は，国籍喪失による経過滞在者として，職権で外国人としての住民票を作成することはできますか。

A 親子関係不存在確認の手続において父の子でないと認定されたことにより，当該者は出生の時から日本国籍を有していなかったことになりますので，国籍喪失による経過滞在者には該当しません。また，出生の日から既に60日を経過している場合は，出生による経過滞在者にも当たりません。したがって，住民票を作成することはできません。

今後，地方入国管理局で在留特別許可を受ける等により中長期在留者になった場合に，初めて外国人としての住民票の作成対象者に該当することとなり，その際には，住民基本台帳法第30条の46又は第30条の47の届出により住民票を作成することとなります。

Q8 仮放免許可書を所持している外国人について，住民票を作成することはできますか。

A 外国人が住民票の作成対象者かどうかの判断は，市町村窓口において，経過滞在者の場合を除き，在留カード，特別永住者証明書，一時庇護許可書，仮滞在許可書のいずれかを外国人に提示させ，住民基本台帳法第30条の45の表の上欄に掲げるものに該当するかを確認することにより行います。

仮放免許可書は，入国者収容所又は地方入国管理局で，収容されている者に仮放免が認められたときに交付されるものであると承知していますが，外国人が仮放免許可書を所持していることは住民票を作成するかどうかの判断には関係がなく，上記の在留カード以下の文書のいずれかを提示できないのであれば，住民票の作成対象外と判断することとなります。

外国人住民に係る住民票の作成対象者

Q9 在日米軍の構成員である外国人に子が出生した場合，住民票を作成することはできますか。

A 在日米軍の構成員及び軍属並びにそれらの家族である外国人は，日米地位協定により，住民基本台帳法の適用対象から除外されるため，親が在日米軍の構成員であることが身分証明書等で確認できた場合には，その子についても親と同様に住民票は作成しないこととなります。

届　出

Q10 中長期在留者等が国外から転入してきた場合，住民基本台帳法第何条の届出として受けることとなりますか。

A 　住民基本台帳法第 30 条の 46 の届出として受けることとなります。

　同法第 30 条の 46 は，中長期在留者等が国外から転入をした場合とこれに準ずる場合の届出について定めたものです。

届出

Q11 住民基本台帳法第30条の46に規定している「これに準ずる場合として総務省令で定める場合」とは、どのような場合でしょうか。

A 住民基本台帳法施行規則第48条に規定されており、
① 中長期在留者等で、住民基本台帳に記録されていない者が新たに市町村の区域内に住所を定めた場合
② 日本の国籍を有しない者（同法第30条の45の表の上欄に掲げる者を除く。）で、住民基本台帳に記録されていない者が中長期在留者等となった後に転入をした場合
の2つの場合があります。それぞれの例を示すと、

①は国外からの転入に準ずる場合を想定しており、中長期在留者等で住所を持たず在留していた者が、市町村に住所を定めた場合が考えられます。

②は短期滞在等の住民基本台帳法の対象外の者として入国し住所を有さずに在留していた者が、中長期在留者等となった後に市町村へ転入した場合や、中長期在留者が不法残留となり住民票が消除された後に、再度在留資格を取得し中長期在留者となり、他市町村に転入した場合が考えられます。

届出

> **Q12** 中長期在留者等でない外国人が,住所を定めた後に中長期在留者等となった場合,住民基本台帳法第何条の届出として受けることとなりますか。

A　住民基本台帳法第30条の47の届出として受けることとなります。

同法第30条の47は,同法第30条の45の表の上欄に掲げる者を除く外国人で住所を有する者が中長期在留者等となった場合の届出について定めたものです。

届　出

Q13　住民基本台帳法第30条の46の転入届において、中長期在留者が上陸許可に伴い交付された在留カードを持参していない場合、届出を受理することはできますか。

A　住民基本台帳法第30条の46の届出においては在留カード等を提示しなければならないと規定されています。したがって、この場合、届出を受理することはできません。在留カードを持参の上、再度届出に来るよう案内することとなります。なお、当該者が在留カードを紛失している場合は、先に地方入国管理局で在留カードの再交付を受けてから同法第30条の46の届出を行うよう案内することが適当です。

届出

> **Q14** 住民基本台帳法第30条の46の転入届において,在留カードが即時交付されない出入国港で上陸許可を受けたために中長期在留者が在留カードを所持していない場合,届出を受理することはできますか。

A 　出入国港において上陸許可により中長期在留者となった者に対しては,原則として上陸許可を付与した地方入国管理局が即時に在留カードを交付しますが,一部の出入国港では,上陸許可時に在留カードを交付しておらず,この場合には,当該中長期在留者の旅券に,後日在留カードを交付する旨の記載がされることとなります。当該中長期在留者に係る住民基本台帳法第30条の46の届出においては,在留カードの代わりに後日在留カードを交付する旨の記載を受けた旅券を提示させて,届出を受理することとなります。
　なお,この場合,住民基本台帳法の届出にあわせて入管法第19条の7による住居地の届出をしたとみなされ,その旨の入管法第61条の8の2に基づく法務大臣への通知(以下「市町村通知」という。)をすることにより,本人あてに,当該住居地が表面の住居地欄に印字された在留カードが郵送されるものと承知しています。

届　出

> **Q15** 国外転出の届出を行い，再入国許可により出国した16歳未満の中長期在留者が，出国中に16歳の誕生日を迎えた後で再入国し，住民基本台帳法第30条の46の転入届を行った際，掲示された在留カードの有効期間が過ぎていた場合，届出を受理することはできますか。

A 入管法第19条の5の規定により，在留カードの交付の日に16歳未満だった者が16歳の誕生日を過ぎても在留カードの有効期間更新を行っていなければ，本件のように，在留資格を有しているものの有効な在留カードを所持していない状況となります。この場合，住民基本台帳法第30条の46の届出があっても，これを受理することはできません。したがって，本人に対し，先に地方入国管理局で有効な在留カードの交付を受けてから，同法第30条の46の届出を行うよう案内することが適当です。

届　出

Q16　転出の届出を行った上で再入国許可により出国した外国人住民が、その後、再入国し、転出前と同じ住所地に転入する場合、どのように対応すればよいでしょうか。

A　本件は外国人住民が国外から転入した場合に当たるので、住民基本台帳法第30条の46の届出により住民票を作成することとなります。

　なお、中長期在留者及び特別永住者が再入国許可により出国し再入国した場合、住民票を消除していても、その在留資格等は継続しており、当該者が所持している在留カード及び特別永住者証明書（以下「在留カード等」という。）には入管法及び入管特例法上の住居地が記載されていると承知しています。したがって、本件の場合、入管法上の住居地届出については行う必要がないものと承知しています。

届　　出

> **Q17** 再入国許可により出国した外国人住民が，国外に住所を移したにもかかわらず，転出届をしていなかった場合において，当該外国人住民が再入国し，出国前の住所地市町村と別の市町村に転入するとき，どのように対応すればよいでしょうか。

A 本件は外国人住民が国外から転入した場合に当たるので，転入先市町村においては，住民基本台帳法第30条の46の届出により住民票を作成することとなります。また，出国前の住所地市町村に，同法第30条の46の届出があった旨を連絡することが適当であり，連絡を受けた出国前の住所地市町村は，同法施行令第12条第3項に基づき職権で住民票を消除することとなります。

届出

> **Q18** 中長期在留者として新規入国した外国人がA市に住所を定めたものの，A市では転入の届出をせず，その後，B市に住所を移してB市において転入の届出を行った場合，住民基本台帳法第何条の届出として受けることとなりますか。

A 　本件は，住民基本台帳法施行規則第48条第1号で規定されている「法第30条の46に規定する中長期在留者等で，住民基本台帳に記録されていないものが新たに市町村の区域内に住所を定めた場合」に該当しますので，B市においては同法第30条の46の届出として受けることとなります。

　なお，中長期在留者が新規入国後も住所を定めないまま在留していた後，B市に住所を定めて転入の届出を行った場合も，同じ規定に基づく届出になります。

> **Q19** Ａ市に住所を有していた中長期在留者について，在留期間の経過に係る法務省通知に基づき住民票が消除され，後日，当該者は改めて中長期在留者となりましたが，Ａ市で住民基本台帳法第30条の47の届出を行わず，その後，Ｂ市に住所を移してＢ市において転入の届出を行った場合，住民基本台帳法第何条の届出として受けることとなりますか。

A 本件は，住民基本台帳法施行規則第48条第2号で規定されている「日本の国籍を有しない者（法第30条の45の表の上欄に掲げる者を除く。）で，住民基本台帳に記録されていないものが法第30条の46に規定する中長期在留者等になった後に転入をした場合」に該当しますので，Ｂ市においては同法第30条の46の届出として受けることとなります。

届出

> **Q20** 中長期在留者の住民票について，住民基本台帳法対象外の在留資格に変更された旨の法務省通知に基づき職権で消除しましたが，その後，当該者が同じ住所を有したまま再び在留資格変更許可により中長期在留者となった場合，住民基本台帳法第何条の届出として受けることとなりますか。

A 外国人が住民基本台帳に記録されるためには，住民基本台帳法第30条の45の表の上欄に掲げるものであることと，住所を有することという2つの要件を満たす必要があります。

本件のように，住民票があり，同じ住所を有していたとしても，一旦中長期在留者等でなくなった者が改めて中長期在留者等となった場合は，市町村の区域内に住所を有するものが中長期在留者等となった場合であることから，同法第30条の47の届出として受けることとなります。

Q21 住民基本台帳法第22条の転入届において,外国人住民が転出証明書は持参しているが,在留カード等を持参していない場合,届出を受理することはできますか。

A 外国人住民の住民基本台帳法第22条の届出においては,在留カード等の提示は義務づけられていないため,転出証明書の添付があれば転入の届出を受理することは可能です。

ただし,入管法及び入管特例法上,在留カード等を提出して住民基本台帳法上の転入の届出をしたときは,法務大臣への住居地の変更届出とみなすこととされている(入管法第19条の9第3項,入管特例法第10条第5項)ことを踏まえ,外国人住民の便宜の観点から,在留カード等の提出を促すことが望ましいとされています(住民基本台帳事務処理要領第4－2－(1)－イ)。

なお,入管法及び入管特例法上の住居地の変更届出については,在留カード等の提出が必要であるため,本件において住民基本台帳法上の転入の届出のみを受け付けた場合,当該者は,後日,在留カード等を持参の上,入管法又は入管特例法上の住居地の変更の届出を行う必要があるものと承知しています。

届出

> **Q22** 特別永住者の住民基本台帳法第22条の転入届において，所持するみなし特別永住者証明書の有効期間が経過していた場合，届出を受理することはできますか。

A 入管特例法附則第28条第2項の規定により，特別永住者の外国人登録証明書が特別永住者証明書とみなされる期間は，「当該外国人登録証明書の次回確認（切替）期間の始期とされる誕生日まで」とされていますが，特別永住者は，特別永住者証明書への切替申請を申請期間内に行わなかったとしても，そのことのみをもって特別永住者の地位に影響が及ぶものではないと承知しています。

　したがって，転出証明書の添付があり，転出証明書や有効期間が経過したみなし特別永住者証明書の記載内容から当該者が特別永住者であることが確認できた場合は，住民基本台帳法第22条の届出を受理することは可能です。

　なお，本来同時に行うべき入管特例法上の住居地の変更届出については，特別永住者証明書の交付に係る申請を市町村において行い，後日，有効な特別永住者証明書の交付を受けた上で，別途届出を行う必要があるものと承知しています。

Q23 不現住が判明したことにより，A市において職権で住民票が消除された外国人住民が，住所を定めないまま転々とした後，新たにB市に住所を定めたとして転入の届出を行う際に，転出証明書を持参していなかった場合，どのように対応すればよいでしょうか。

A　当該者が中長期在留者等でなくなった者でないのであれば，住民基本台帳法第22条の届出に基づき住民票を作成することとなります。したがって，当該者にA市で転出証明書に準ずる証明書又は消除した住民票の写しの交付を受けてから，B市で同法第22条の届出をするよう案内することとなります。

届出

> **Q24** 中長期在留者の住民基本台帳法第22条の転入届において，転出証明書と在留カードで氏名や在留資格等の記載内容が異なっている場合，住民票の記載事項は転出証明書と在留カードのどちらに基づいて記載すればよいでしょうか。

A 　住民基本台帳法第22条の届出に基づき住民票を作成する場合，記載事項については原則として転出証明書に基づいて記載します。しかしながら，中長期在留者については，転出届を行った後で地方入国管理局において身分事項の変更や在留資格の変更等が認められ，新たな在留カードが交付されることもあり，この場合，転出証明書と在留カードの記載事項が異なることとなります。また，前市町村が法務省通知の内容を住民票に反映させていなかった場合も同様の状況が生じることとなります。

　いずれの場合にしても，中長期在留者等の住民票の記載事項中，本人の氏名，出生の年月日，男女の別，国籍等及び住民基本台帳法第30条の45の表の下欄に掲げる事項は，入管法及び入管特例法に基づき中長期在留者等に交付された在留カード等の記載と一致しなければならないとされており（住民基本台帳事務処理要領第1－6），在留カードの記載に基づき住民票を記載することとなります。

届出

Q25 中長期在留者の住民基本台帳法第22条の転入届において，転出証明書に記載されている在留期間の満了の日が既に経過していますが，当該者が在留期間更新申請中であると説明している場合，届出を受理することはできますか。

A 入管法第20条第5項及び第21条第4項の規定により，中長期在留者が在留期間の満了の日までに在留資格変更許可申請又は在留期間更新許可申請を行い，当該申請に対する処分が在留期間の満了の日までになされないときは，在留期間の満了後も，当該処分がされるとき又は従前の在留期間の満了の日から2月を経過する日のいずれか早いときまでの間は，引き続き従前の在留資格をもって在留することができることとされています（以下，この期間を「特例期間」という。）。

したがって，中長期在留者の転入の届出の際に転出証明書に記載されている在留期間の満了の日が既に経過している場合であっても，特例期間中であるかどうかを確認する必要があります。特例期間中である場合は，在留カードの裏面に「在留期間更新等許可申請中」である旨が記載されているので当該記載が確認できた場合，在留期間の満了の日から最長2月を経過する日までであれば特例期間中として届出を受理することとなります（住民基本台帳事務処理要領第4－2－(2)－エ－(イ)）。

> **Q26** 住民基本台帳法改正法の施行日（平成24年7月9日）の前から現在まで同じ住所地に居住しているものの，仮住民票作成の基準日（平成24年5月7日）の時点で外国人登録原票上の在留期間が経過していたため仮住民票が作成されなかった外国人について，所持している在留カードと旅券により実際は入管法上の在留期間更新許可に係る手続を行っており継続して在留資格を有していたことが確認できました。この場合，住民票はどのように作成することとなりますか。

A 住民基本台帳法改正法の施行日（以下「施行日」という。）において居住している市町村で住民票が作成されていなかった外国人住民は，施行日から14日以内に届出を行う義務がありました（住民基本台帳法附則第5条第1項）が，この届出を行わないまま現在も状況が変わっていなければ，届出の義務は継続しています。

したがって，本人に同法附則第5条の届出を行わせて住民票を作成することとなります。

届　出

Q27 外国人住民が国外に住所を移す場合でも，転出の届出をする必要はありますか。

A　外国人住民も，日本人と同様，市町村の区域外に生活の本拠たる住所を移すときは転出の届出を行う必要があります（住民基本台帳法第24条）。

届出

> **Q28** 中長期在留者の住民票について，在留期間が経過した旨の法務省通知に基づき職権で消除しましたが，その後，当該者から，再び中長期在留者になり別の市に転入の届出をするので，転出証明書を交付してほしいとの請求があった場合，どのように対応すればよいでしょうか。

A 　住民票の消除に係る法務省通知があったときは，当該者が中長期在留者等でなくなったときであるので，その後，再び中長期在留者となり，別の市町村に転入の届出を行う場合は，住民基本台帳法第22条ではなく同法第30条の46又は第30条の47の規定に該当することとなります。

　したがって，この場合，請求があっても転出証明書又は転出証明書に準ずる証明書等を交付する必要はありません。

> **Q29** 世帯主でない者が転入届等により世帯主との続柄を届け出た場合，日本人であれば戸籍の記載により世帯主との続柄を確認できますが，外国人住民についてはどのようにすればよいでしょうか。

A 世帯主でない外国人住民であって，その世帯主が外国人住民であるものが転入の届出等を行う場合は，市町村にてその親族関係を確認することができないため，世帯主との続柄を証する文書を添えて届出をすることと規定されています（住民基本台帳法第30条の49）。

また，この続柄を証する文書が外国語によって作成されたものであれば，翻訳者を明らかにした訳文を添付しなければならないとされています（同法施行規則第49条）。

> **Q30** 住民基本台帳法第30条の48又は第30条の49に定められている「世帯主との続柄を証する文書」は，原本である必要はありますか。

A 住民基本台帳法第30条の48に定められている「世帯主との続柄を証する文書」については，原則として原本（オリジナル）を提出してもらうものであり，写しの提出を認めることは想定されません。

届　出

Q31　続柄を証する文書を添えた届出において，外国人住民から当該文書の還付を求められた場合，これに応じてよいでしょうか。

A　この場合，当該文書を確認し，写しを取った上で，還付の求めに応じて差し支えありません。なお，当該写しに，続柄を証する文書を確認後還付した旨を記録することが適当です。

届出

Q32 続柄を証する文書が外国語の場合,翻訳者を明らかにした訳文を添付しなければならないとされていますが,どこまで明らかにする必要がありますか。また,訳文の信憑性についてどのように確認すべきでしょうか。

A 戸籍の届出書に添付する外国語で作成された書類の訳文の場合に準じて取り扱う等,市町村の判断において,翻訳者が明らかであり,その訳文が正確であると確認できる方法により行うことが適当です。

届　出

> **Q33** 世帯主（日本人），妻（外国人），妻の連れ子（外国人）の３人世帯が，国外から転入する場合，妻の連れ子の続柄を「妻の子」と記載するためには，続柄を証する文書は必要でしょうか。

A　世帯主が日本人である場合，住民基本台帳法上の続柄を証する文書が必要な場合には該当しません。ただし，本件の場合，妻については，世帯主の戸籍で世帯主との身分関係を確認することができますが，妻の連れ子については，世帯主と血縁関係にないため，世帯主の戸籍では身分関係を確認できません。また，妻と妻の連れ子の間の身分関係についても，双方が外国人であり戸籍がないので，別途身分関係が明らかとなる資料がなければ，確認を行うことができません。

　したがって，続柄の記載の正確性を確保するため，妻と妻の連れ子の間の身分関係を証する資料を求めることによって，間接的に日本人世帯主との続柄を確認した上で，「妻の子」と記載することが適当です。

届出

> **Q34** A市に住む父，母，子の外国人世帯のうち，子がB市に転出しましたが，その後，A市の両親の世帯に再び転入し，届出を行った場合，続柄を証する文書が必要でしょうか。

A 　世帯主でない外国人であって，その世帯主が外国人住民であるものが転入の届出等を行う際に，消除された住民票，戸籍に関する書類，住民基本台帳法第9条第2項通知に係る書面等，世帯主でない外国人住民とその世帯主との親族関係を明らかにすることができる書類を住所地市町村長が保存している場合は，続柄を証する文書の提出は不要とされています（同法施行令第30条の29第4号，同法施行規則第50条第2号）。

　一般的に親子関係は変動しませんので，当該者の除票で世帯主との続柄が子であることが確認できるものと考えます。

届出

> **Q35** 外国人住民の転入の届出等において，続柄を証する文書として住民票の写しが添付された場合，これにより確認できた続柄を住民票に記載してよいでしょうか。

A 　外国人住民の世帯主との続柄を証する文書については，戸籍法に基づく届出に係る受理証明書又は結婚証明書若しくは出生証明書その他外国政府機関等が発行した文書であって，本人と世帯主との続柄が明らかにされているものとされています（住民基本台帳事務処理要領第4－2－(1)－ウ）が，住民票の写し又は記載事項証明書（消除された住民票の写し等を含む。）でも，届出のあった時点において世帯主との続柄を確認できる場合には，当該続柄を住民票に記載して差し支えありません。

　なお，届出のあった続柄に疑義がある場合には，必要に応じ，口頭で質問を行ったり他の続柄を証する文書を求める等により，事実確認を行うことが適当です。

届出

> **Q36** 日本の市町村に離婚届を提出したが，本国に届出をしていない外国人夫婦の妻が，本国で発行された過去の「婚姻証明書」を提出して住民票の続柄に「妻」と変更するための住民基本台帳法第30条の48の届出を行った場合，これを受理することはできますか。

A 市町村長は，戸籍に関する届書，申請書その他の書類を受理し，若しくは職権で戸籍の記載若しくは記録をしたとき，又は住民基本台帳法第9条第2項の規定による通知を受けたときは，職権で，当該者に係る住民票の記載等をしなければならないとされています（同法施行令第12条第2項第1号）。

また，戸籍法は，適用範囲を日本人に限定しているものではなく，その属地的適用の結果，性質上適用されない条文を除き，日本国内にいる外国人に対しても適用されるため，外国人同士であっても日本国内で婚姻等身分行為を行い，その届書が受理された場合は，戸籍法上適法に身分関係が形成されるものです。

したがって，外国人住民同士の離婚届が戸籍法上適法に受理された場合，本国で過去に発行された当該者同士の婚姻証明書を添えて，続柄の変更の届出があっても，続柄の修正を行うことはできません。

Q37 外国人住民の転入の届出において、届出の内容に疑義がある場合、住民票の記載等の処理はどのようにすればよいでしょうか。

A 日本人住民の取扱いと同様に、転入の届出があった場合、転入の事実が疑わしいときなど、届出書の記載の内容その他の事情を総合的に判断し、事実に反する疑いがあるときは、住民基本台帳法第34条第2項の規定により調査し、その事実を確認します（住民基本台帳事務処理要領第4－2－(2)－ウ）。事実認定をするまでは、当該届出の受付をしても住民票の記載は保留し、転入の事実を確認後、記載を行うことが適当です。

転入の事実が存在しないことが判明した場合は、当該外国人の転入届を受理しないこととなります。

届出

> **Q38** 実の親であっても，親権者でなく別世帯である者は，子の住所異動等の届出をすることはできますか。また，監護権があった場合はどうでしょうか。

A 別世帯の親権者でない者は，同一世帯に属する者でもなく法定代理人でもないため，本人に代わって届出をすることはできません。したがって，親権者ではない別世帯の親から届出があった場合は，当該者が監護権を有していても，届出を受理することはできません。

なお，親権者（法定代理人）からの委任状があれば，当該者は任意代理人となりますので届出を受理することはできます。

職権による記載等

Q39 外国人の出生届が提出された場合，住民票を作成することはできますか。

A 　外国人の出生届を受理したときは，出生した日から60日を経過していない場合は，出生経過滞在者として職権で住民票を作成することとなります（住民基本台帳事務処理要領第2－2－(2)－ア－(ｱ)）。

　また，住所地以外の市町村から出生届を受理したことに係る住民基本台帳法第9条第2項の通知を受けた場合も，同様に取り扱うこととなります（住民基本台帳事務処理要領第2－2－(2)－ア－(ｶ)）。

職権による記載等

Q40 出生の日から60日を過ぎた外国人の出生届が提出された場合，どのように対応すればよいでしょうか。

A 出生届を受理したときに，出生の日から60日を経過している場合，当該者は不法滞在の状況になっていますので，住民票を作成することはできません。速やかに地方入国管理局に在留資格について相談するよう案内することが考えられます。

その後，当該者が，地方入国管理局において在留資格を許可される等により中長期在留者等になった場合に，住民基本台帳法第30条の47の届出に基づいて住民票を作成することとなります。

職権による記載等

> **Q41** 外国人女性が離婚し、300日以内に子が出生したため、民法第772条の嫡出推定の規定の関係上、出生届の提出に至らない場合において、子の出生前に日本人男性より胎児認知届があり、認知調停等の手続が進められている場合、住民票を作成することはできますか。また、同様に外国人男性より認知調停等の手続が進められている場合はどうでしょうか。

A 出生があった場合の住民票の記載に当たっては、民法第772条の規定に基づく嫡出の推定が働くことに関連して、出生届の提出に至らない者について、認知調停手続など外形的に子の身分関係を確定するための手続が進められている場合には、市町村長の判断により、職権で住民票の記載を行うことができるとされています（平成24年総行住第74号「出生届の提出に至らない子に係る住民票の記載について」）。

胎児認知届が受理された後に被認知胎児が出生し、その子が外国人母の前夫の嫡出の推定を受けることとなったために当該受理処分が撤回され不受理処分となった場合は、その後、外国人母の前夫の嫡出推定を排除する認知調停等の手続が確定し、当該不受理処分が撤回されると、当初の届書日に届出の効力が生ずることとなります。

55

職権による記載等

　したがって，胎児認知届が日本人男性による場合，当該子は国籍法第2条第1号により生来的に日本国籍を取得することから，出生届の提出に至らない子として住民票を作成する場合は，当初より日本人として住民票を記載します。他方，胎児認知届が外国人男性による場合，当該子は外国人とみなしますが，出生届の提出に至らない子として住民票を作成することができるのは，出生の日から60日以内の場合か在留資格取得等により中長期在留者等になっている場合に限られます。

　なお，出生届の提出に至らない者について市町村長の判断により職権で住民票を記載した後に認知調停等が確定し，出生届が提出された場合は，同通知に記載されているとおり，住民基本台帳法施行令第12条第2項第1号の規定に基づき，職権で必要事項を記載及び修正することとなります。

Q42 日本人から国籍喪失の届出があった場合，住民票の処理はどのように行いますか。

A 日本人の国籍喪失届を受理したときは，国籍を喪失した日から60日を経過していない場合は，当該者の外国人住民としての住民票を作成し，又はその者に係る世帯の住民票に住民基本台帳法第30条の45に規定する事項を記載するとともに，日本人住民としての住民票（世帯票が作成されている場合にあってはその住民票の全部又は一部）を消除し，その事由（国籍喪失）及びその事由の生じた年月日をそれぞれに記入します（住民基本台帳事務処理要領第2－2－(2)－ア－(エ)）。

また，住所地以外の市町村から国籍喪失届を受理したことに係る同法第9条第2項の通知を受けた場合も，同様の処理を行うこととなります（住民基本台帳事務処理要領第2－2－(2)－ア－(カ)）。

職権による記載等

> **Q43** 日本人として住民票が作成されている者から国籍喪失届が提出されましたが、国籍喪失届の「喪失の年月日」から既に60日を経過していた場合、住民票の処理はどのように行いますか。

A 国籍喪失の届出を受理したときに、国籍を喪失した日から60日を経過している場合、当該者は不法滞在の状況になっていますので、外国人としての住民票を作成することはできません。また、当該者の日本人としての住民票については消除することとなり、備考として消除の事由（国籍喪失）及び消除事由の生じた年月日（国籍を喪失した年月日）を記入します。

今後、地方入国管理局において在留特別許可を受ける等して中長期在留者になった場合に、住民基本台帳法第30条の47の届出に基づいて住民票を作成することとなります。

職権による記載等

> **Q44** 外国人住民から帰化又は国籍取得の届出があった場合，住民票の処理はどのように行いますか。

A 　帰化をした者又は国籍を取得した者の日本人住民としての住民票を作成し，又はその者に係る世帯の住民票に住民基本台帳法第7条に規定する事項を記載するとともに，外国人住民としての住民票（世帯票が作成されている場合にあってはその住民票の全部又は一部）を消除し，その事由（帰化又は国籍取得）及びその事由の生じた年月日をそれぞれに記入します（住民基本台帳事務処理要領第2－2－(2)－ア－(イ)）。

職権による記載等

Q45 外国人住民が国内で死亡した場合，住民票の処理はどのように行いますか。

A 外国人住民が国内で死亡し，その死亡届を受理したときは，職権で住民票を消除することとなります（住民基本台帳事務処理要領第2－2－(2)－ア－(ウ)）。

また，住所地以外の市町村から死亡届を受理したことに係る住民基本台帳法第9条第2項の通知を受けた場合も，同様に取り扱うこととなります（住民基本台帳事務処理要領第2－2－(2)－ア－(カ)）。

Q46 外国人住民が国内で死亡しましたが、戸籍法第87条に定める届出資格者がいないため死亡届が出されない場合、住民票を消除することはできますか。

A 　戸籍法第87条に定める届出義務者又は届出資格者以外の者は死亡の届出をすることはできませんが、当該者の死亡についての情報提供があり、死亡した事実を文書等で確認することができた場合は、住民票を職権で消除することとして差し支えありません。

　なお、この場合は、戸籍法上の死亡の届出の受理によるものではないため、住民基本台帳法施行令第12条第2項第1号ではなく、同法施行令第12条第3項を根拠に消除することが適当です。

職権による記載等

Q47 外国人住民が日本国外で死亡した場合，住民票を消除することはできますか。

A 外国人が日本国外で死亡した場合，戸籍法の適用を受けないので，法令上の死亡の届出は行われませんが，当該者の死亡についての情報提供があり，死亡した事実を文書等で確認することができた場合は，住民票を職権で消除することとして差し支えありません。

なお，この場合は，戸籍法上の死亡の届出の受理によるものではないため，住民基本台帳法施行令第12条第2項第1号ではなく，同法施行令第12条第3項を根拠に消除することが適当です。

Q48 転出の届出を行わずに再入国許可により出国したため住民票がある外国人住民について，現在海外にいる本人の代理人から転出の届出があった場合，住民票の処理はどのように行いますか。

A　転出届はあらかじめ行うこととされていますが，事情により住所を移すまでの間に届出を行うことができない場合等には，転出をした日から14日以内に限り転出届を受理することができる取扱いです（住民基本台帳事務処理要領第4－3－(4)）。

したがって，転出をした日から14日を経過している場合は，転出届を受理することはできません。ただし，この場合，代理人による転出の届出があったことを端緒に当該者が市町村の区域内に居住しておらず生活の本拠がないことを確認できたのであれば，住民基本台帳法施行令第12条第3項を根拠に職権で住民票を消除することとして差し支えありません。

職権による記載等

> **Q49** 庁内の他部局からの情報提供を端緒に外国人住民に対して実態調査を行ったことにより，当該者が不現住であることが確認できた場合，住民票を消除することはできますか。

A 実態調査等により外国人住民が住民票上の住所に居住していないことを確認できた場合，住民基本台帳法施行令第12条第3項を根拠に職権で住民票を消除することとして差し支えありません。

なお，事由の生じた年月日については，不現住である事実を把握した年月日になるものと考えますが，例えば実態調査において当該住居を実際に退出した年月日が把握できた場合や法務省入国管理局への出入国記録照会等により当該者の出国年月日が判明した場合には，当該年月日とすることもあり得ると考えます。

Q50 転入の届出の際，続柄を証する文書の提出がなかったことから，世帯主との続柄を「縁故者」と記載した外国人住民から，後日，続柄を証する文書を持参して，続柄を「子」としてほしいとの申出があった場合，どのように対応すればよいでしょうか。

A この場合，続柄に変更があったわけではないため，住民基本台帳法第30条の48の規定に該当するものではありません。後日，続柄を証する文書が提出され正確な続柄が判明した場合は，同法施行令第12条第3項を根拠に職権で続柄の修正を行うこととなります。

Q51

外国人世帯について，世帯主だけに対して出国した旨の法務省通知が届いたので当該者の住民票を消除しました。住民票が残った世帯員は世帯主の変更が生じることとなりますが，世帯変更の届出がなく，新たに世帯主となる者が確認できない場合，当該住民票の世帯主の記載等の処理はどのようにすればよいでしょうか。

A 日本人の取扱いと同様となります。すなわち，世帯主の変更があったものは，住民基本台帳法第25条の世帯変更届が必要となりますが，届出に来ない場合はまず同法第14条第1項に基づく催告等を行い，それでも届出がなかった場合，同法施行令第12条第1項に基づき職権で世帯主や続柄の記載の修正を行い，当該者に対し同法施行令第12条第4項の通知を行うことが適当です。

Q52 父，母，子の外国人世帯について，世帯主である父だけに対して在留期間満了に係る法務省通知が届いたので住民票を消除し，母と子の2人世帯になりました。世帯主に変更があった者は世帯変更届が必要であるとされていますが，子が幼児である場合でもこの届出は必要でしょうか。

A　転入又は転居を伴わずに世帯主に変更があった者は，基本的には住民基本台帳法第25条の世帯変更の届出が必要ですが，本件のように世帯を構成する者のうち世帯主となる者が明らかである場合は，必ずしも届出を要さず，職権で世帯主の記載を修正して差し支えありません。

なお，この場合は，当該者に対し同法施行令第12条第4項の通知をすることとなります。

職権による記載等

> **Q53** 父，母，子の外国人世帯について，父と母に対して再入国許可の有効期間が経過した旨の法務省通知が届いたので住民票を消除しました。子については法務省通知がないので世帯で1人だけ住民票が残ることとなりますが，子が幼児である場合でも，住民票は子の1人世帯としてよいでしょうか。

A 父と母の住民票は法務省通知を受けたことにより消除しなければならないため，世帯のうち子の住民票だけが残ることとなります。この場合，当該世帯に属する者は一人となりますので，子の住民票について，住民基本台帳法第25条の世帯変更届は必要なく世帯主との続柄を職権で「本人」に修正することとして差し支えありません（同法施行令第25条）。

なお，この場合において，当該子が幼児であるなど，子だけが本邦に滞在しているとは常識的に考えがたい場合，実態調査や出入国記録照会を行い，不現住の事実を確認した上で，当該子の住民票を職権で消除することもあり得ると考えます。

Q54
世帯主（日本人男），同居人（外国人女），同居人（外国人男）の3人世帯について，世帯主と同居人（外国人女）が婚姻届を提出し，続柄を「妻」に変更する際，婚姻届の添付書類により同居人（外国人男）が同居人（外国人女）の父であることが確認できた場合，同居人（外国人男）の続柄を「妻の父」と変更してもよいでしょうか。

A
お見込みのとおりです。
　本件は，住民基本台帳法上の続柄を証する文書が必要な場合に該当しませんが，続柄の正確性を確保するため，外国人女性と外国人男性の間の続柄を証する資料を求めることによって，間接的に日本人世帯主との間の続柄を確認し，住民票に続柄を記載することが適当です。市町村において外国人妻と世帯主の婚姻届の添付資料で外国人妻とその父との関係が確認できるのであれば，当該書類に基づいて続柄を「妻の父」と修正して差し支えありません。

法務省と市町村の情報連携

Q55 外国人住民が国外転出するに当たって転出の届出を行った場合，住民票を消除することとなりますが，消除する日は出国した旨の法務省通知を受けた日と転出予定年月日のどちらでしょうか。

A 原則，届出に基づき転出予定年月日に消除します（住民基本台帳事務処理要領第2－2－(1)－オ－(ア)）。このとき，当該者の住民票を消除した旨の市町村通知を法務省に送付することとなり，その後，当該者が出国しても法務省通知は送付されないものと承知しています。

ただし，当該者が転出予定年月日より前に出国した場合は，出国した旨の法務省通知に基づき職権で消除します。

> Q56 転出届を受理した外国人住民について，転出予定年月日前に在留資格を変更した旨の法務省通知が届いた場合，住民票の処理はどのようにすればよいでしょうか。

A 　外国人住民から転出の届出があり，転出証明書を交付したが，転出予定年月日が到来しておらず，住民票が消除されていない状況において，当該者の在留資格に変更があった等の法務省通知がなされた場合は，当該通知に基づき住民票を修正し，備考欄に転出の届出後に修正したものであることが確認できるような記載をすることが適当です。

　なお，法務省通知があったことについて，転入地市町村に連絡することが望ましいですが，転入地市町村においては，転出証明書と在留カードの記載内容が異なっている場合には，在留カードの記載のとおりに住民票を記載することとしていることから，必ずしも連絡を要するものではありません。

> **Q57** 転出届を受理した外国人住民について，転出予定年月日前に在留期間を経過した旨の法務省通知が届いた場合，住民票の処理はどのようにすればよいでしょうか。

A 　外国人住民から転出の届出があり，転出証明書を交付したが，転出予定年月日が到来しておらず，住民票が消除されていない状況において，在留期間が経過した等当該者が中長期在留者等でなくなった旨の法務省通知がなされた場合は，当該通知に基づき住民票を消除します。なお，備考欄に転出の届出後に法務省通知により住民票を消除したことが確認できるような記載をすることが適当です。

　また，当該者は，改めて中長期在留者等になった場合に，住民基本台帳法第30条の46又は第30条の47の届出を行うことができますが，このとき，必要のない転出証明書を提出し，転入市町村が同法第22条の届出であると誤解してしまうおそれがあるので，住民基本台帳の正確な記録を確保するためにも，法務省通知の内容について，転入予定地の市町村に連絡することが望ましいものと考えます。

Q58 外国人住民の転出届を受理し，転出予定年月日に住民票を消除した後に，当該者に係る出国した旨の法務省通知が届いた場合，既に消除した住民票に当該法務省通知に関する記載をするべきでしょうか。

A 転出届に基づき転出予定年月日をもって住民票を消除した取扱いに誤りはなく，除票に法務省通知の内容を記載する必要はありません。

なお，転出届に基づき住民票を消除したときは，法務省へ市町村通知を送付することとなっており，その後は，原則として，当該者に係る法務省通知はなされないものと承知しています。例外的に，転出予定年月日と出国日が同日であった場合，市町村と法務省との情報連携端末の設計上，法務省通知が届くことがあり得ると承知していますが，それ以外の状況で法務省通知が届いたのであれば，住民票消除に係る市町村通知が法務省に届いていないなど情報連携ができていない可能性がありますので，情報連携端末を所管している法務省に状況を確認するべきと考えます。

> **Q59** 外国人住民について，既に出国しているとの連絡が関係者からありましたが，当該者は転出の届出を行っておらず，出国した旨の法務省通知も届いていない場合，どのように対応すればよいでしょうか。

A 外国人住民が国外へ転出するときは転出の届出を行わなければなりませんが，転出の届出を行わなかった場合，空海港における出国審査において在留カード等を返納して出国した場合は，出国した旨の法務省通知が送付されることとなっています。したがって，法務省通知が届いていないということは，当該者が再入国許可により出国したものと考えられ，そうであれば，再入国許可の有効期間が経過するまでは法務省通知が送付されないものと承知しています。

この場合，原則として住民票の処理を行う必要はありませんが，実態調査等により，当該者の生活の本拠が既に市町村の区域内にないと判断した場合は，住民票を職権で消除することもあり得ると考えます。

法務省と市町村の情報連携

> **Q60** 中長期在留者の所持する在留カードに記載されている在留資格,在留期間等が住民票の記載内容と異なっていたので本人に確認したところ,本日,地方入国管理局で在留資格の変更許可を受けて新たな在留カードが交付されたことが判明しました。法務省通知は毎日業務終了後に届き,翌日に法務省通知の内容を住民票に反映させていますが,本人が最新の情報が記載された住民票の写しの交付を求めた場合,法務省通知を待たず在留カードに基づいて住民票の記載を修正してもよいでしょうか。

A 法務省通知は,法務省が配備している情報連携端末により,原則として1日に1回所定の時間に送付されているところ,中長期在留者が地方入国管理局で新たな在留カードを交付された日の当日に市町村窓口に来庁したとき等,最新の法務省通知の情報が必要となる場合に対応できるよう,情報連携端末には最新法務省通知取得機能が備わっているものと承知しています。

したがって,この機能を利用して,法務省通知に基づいて住民票の記載を修正した上で住民票の写しを交付することが適当です。ただし,

法務省と市町村の情報連携

法務省に相談しても同機能の利用方法が分からないときなど最新の法務省通知を取得できない場合，所持する在留カードに基づいて住民票の記載を修正することもやむを得ないと考えます。

Q61

特別永住者が氏名を変更したとのことで，特別永住者証明書の住居地以外の記載事項の変更届出を行ったので，必要書類等を法務省の発行拠点に送付し，その後，法務省通知が届きましたが，まだ新たに作成された特別永住者証明書は法務省から届いていないので，本人に交付していません。この状況で，住民票の氏名及び特別永住者証明書の番号を，法務省通知に基づいて変更後のものに修正してもよいでしょうか。

A

地方入国管理局において中長期在留者に交付される当日に発行される在留カードと異なり，特別永住者証明書は，法務省の発行拠点で発行され，その時点で法務省通知が市町村に送付されますが，発行された特別永住者証明書が法務省から市町村に郵送されるのは数日後であり，到着後，市町村窓口において特別永住者に交付されるものと承知しています。また，特別永住者証明書は特別永住者に交付されたときに効力を有し，併せて旧特別永住者証明書が効力を失うので，特別永住者について，「氏名」，「生年月日」，「性別」，「国籍・地域」，「特別永住者証明書の番号」が変更されたと認められるのは，新たな特別永住者証明書が交付されたときであると承知していま

す。

　したがって，変更後の氏名が記載された特別永住者証明書の交付前には住民票の記載の修正を行わず，今後，本人に交付したときに，法務省通知に基づく住民票の記載の修正を行うこととなります（住民基本台帳事務処理要領第2－2－(2)－ア－(キ)）。

Q62 法務省通知に基づき職権で住民票を修正又は消除した場合も,外国人住民本人への通知等を行う必要はありますか。

A この場合,当該修正又は消除に係る外国人住民本人への通知又は公示は必要ありません。

　法務省通知により住民票を職権で修正又は消除する場合,その根拠は住民基本台帳法施行令第30条の32で読み替えられる同第12条第2項第1号となります。

　同法施行令第12条第4項では,市町村長は同第1項により住民票の記載等をしたときは,その旨を当該記載等に係る者に通知又は公示をしなければならないとされていますが,この場合は同第1項ではなく同第2項第1号によるものであり,同第4項の規定には該当しません。

記載事項

Q63 住民票に記載する氏名について，日本人であれば戸籍に記載されている氏名を記載することとされていますが，外国人住民の場合はどのように記載するのでしょうか。

A 　外国人住民の住民票の氏名は，在留カード等の記載と一致しなければなりません。氏名の他に，出生の年月日，男女の別，国籍・地域及び住民基本台帳法第30条の45の表の下欄に掲げる事項も同様です（住民基本台帳事務処理要領第1－6）。

　同法第30条の46及び第30条の47の届出においては，提示される在留カード等の記載のとおりに住民票の氏名を記載します。また，その後，何らかの事由により在留カード等の氏名が変わったときは，法務省通知に基づき住民票の氏名を修正することで，在留カード等の記載と一致することになります。

記載事項

Q64 住民基本台帳法第30条の46の届出において，在留カードが即時交付されない出入国港で上陸許可を受けたために，中長期在留者が在留カードを所持していない場合，住民票の氏名は何に基づいて記載するのでしょうか。

A この場合，住民票の氏名は，後日在留カードを交付する旨の記載がされた旅券のローマ字表記の氏名を記載します（住民基本台帳事務処理要領第2－1－(2)－ア）。

なお，旅券に漢字表記の氏名が記載されていても，住民票の氏名はローマ字表記のみを記載し，漢字表記の氏名は記載しません。後日交付される在留カードは，上陸許可において即時交付される在留カードと同様に，旅券に漢字表記の氏名が記載されていても，漢字表記の氏名は併記されずローマ字表記の氏名のみが記載されるためです。

記載事項

Q65 住民基本台帳法第30条の46の届出において、後日在留カードを交付する旨の記載がされた旅券の提示があり、当該旅券の氏名に、カンマ、ピリオド、ハイフンが記載されていた場合、住民票の氏名はどのように記載するのでしょうか。

A 旅券の氏名にカンマ、ピリオド、ハイフン等の記号が記載されている場合、後日交付される在留カードにおいて当該記号は省略して記載されることとなるため、住民票の氏名においても同様に当該記号を省略して記載することとなります。

記載事項

Q66 出生による経過滞在者として作成する住民票はどのように記載するのでしょうか。

A 「氏名」については，出生届に付記されているローマ字表記の氏名を記載します。ただし，ローマ字表記の氏名の付記がない場合，出生届に記載されたカタカナ又は漢字による表記の氏名を記載します（住民基本台帳事務処理要領第2－1－(2)－ア）。

「出生の年月日」については，出生届に記載された出生の年月日に基づいて西暦により記載します（住民基本台帳事務処理要領第2－1－(2)－イ）。

「国籍・地域」については，空欄とします（住民基本台帳事務処理要領第2－1－(2)－テ）。

「法第30条の45の下欄に掲げる事項」については，出生による経過滞在者であることについて記載します。

なお，出生した日から60日を経過する年月日を備考として記入することが適当です（住民基本台帳事務処理要領第2－1－(2)－ナ－(オ)）。

記載事項

Q67 外国人住民が帰化又は国籍取得したことにより，日本人住民として作成する住民票はどのように記載するのでしょうか。

A 「住民となった年月日」については，外国人住民としての住民票に記載された「外国人住民となった年月日」を記載します（住民基本台帳事務処理要領第2－1－(2)－カ）。

「住所を定めた年月日」については，外国人住民としての住民票に「住所を定めた年月日」が記載されていれば，当該年月日を記載し，そうでなければ空欄となります。

「住所を定めた旨の届出の年月日（又は職権で住民票を記載した年月日）」については，職権により日本人住民としての住民票を作成した年月日を記載します。

「従前の住所」については，外国人住民としての住民票に「従前の住所」が記載されていれば，当該住所を記載し，そうでなければ空欄となります。

また，戸籍の附票の「住所を定めた年月日」については，帰化の届出又は戸籍の附票記載事項通知（住民基本台帳法第19条第1項）に基づき，外国人住民に係る住民票に記載された「外国人住民となった年月日」を記載します。ただし，外国人住民に係る住民票に「住所を定めた年月日」が記載されていた場合については，当該記載されていた年月日を記載します（住民基本台帳事務処理要領第3－1－(2)－エ）。

記載事項

> **Q68** 出生届に基づき住民票を作成した後で，氏名の訂正のための追完届が出された場合，追完届に基づいて住民票の氏名を修正してもよいでしょうか。

A 　出生届を出した後，中長期在留者又は特別永住者になる前（経過滞在者であるとき）に，届出書に誤字を記載してしまった場合等，氏名の訂正の追完届が出され，これを受け付けた場合は，追完届に基づいて住民票の氏名を修正して差し支えありません。このとき，修正した氏名について市町村通知を法務省に送付する必要があります。

　ただし，既に中長期在留者又は特別永住者になった後で氏名の訂正のための追完届が出されても，住民票の氏名の記載を修正するためには，先に在留カード等の氏名変更の手続を行う必要があり，これが認められた場合，その旨の法務省通知に基づいて住民票の氏名を修正することとなります。

記載事項

Q69 住民票の氏名がローマ字表記のみで記載されている中長期在留者から，住民票に漢字氏名を併記してほしいとの申出があった場合，どのように取り扱えばよいでしょうか。

A 　中長期在留者等の住民票の氏名は，在留カード等に記載されている氏名を記載することとされている（住民基本台帳事務処理要領第2－1－(2)－ア）ので，申出により住民票の氏名を修正するのではなく，地方入国管理局で在留カードに漢字氏名を併記する手続が必要であることを案内することとなります。在留カードに漢字氏名が併記され，その旨の法務省通知が届いた場合，当該通知により職権で住民票の氏名についてローマ字表記に漢字表記を加える修正をすることとなります。

　なお，在留カードの氏名はローマ字で表記することとされており（入管法施行規則第19条の6第1項），氏名に漢字を使用する中長期在留者から申出があった場合は，ローマ字により表記した氏名に併せて当該漢字を使用した氏名を表記することができるとされています（同法施行規則第19条の7第1項）。

記載事項

Q70 本国政府機関に対し婚姻による氏名変更の手続を行った中長期在留者から、変更後の氏名が記載された旅券に基づいて住民票の氏名を変更してほしいとの申出があった場合、どのように取り扱えばよいでしょうか。

A　中長期在留者の住民票の氏名は、在留カードに記載されている氏名を記載することとされているので、地方入国管理局において在留カードの記載を変更する手続を行うよう案内することとなります。氏名の変更が認められた場合、その旨の法務省通知に基づいて住民票の記載を修正することとなります。

したがって、在留カードの氏名が変更される前に旅券の確認のみをもって住民票の氏名を修正することはできません。

なお、入管法第19条の10の規定により、中長期在留者は、氏名に変更を生じたときは、14日以内に、法務大臣に変更の届出をしなければならないとされています。

記載事項

> **Q71** 日本人の配偶者である外国人住民について，当該者の在留カードに記載されている氏名の漢字と日本人配偶者の戸籍の配偶者氏名欄に記載されている当該者の氏名の漢字が異なっていた場合，住民票の氏名はどちらの漢字を記載すればよいでしょうか。

A 外国人の氏名の漢字が簡体字等の日本の正字でない場合，当該漢字は戸籍においても在留カード等においても日本の正字に置き換えて記載されるものと承知しています。ただし，正字の概念は一律のものではなく，在留カード等については「在留カード等に係る漢字氏名の表記等に関する告示（平成23年法務省告示第582号）」に基づき置き換えられているため，同一人に係る氏名の漢字が戸籍と在留カード等において異なる場合があるものと承知しています。

中長期在留者等については，在留カード等に記載されている氏名を記載するとされており（住民基本台帳事務処理要領第2－1－(2)－ア），本件においても，住民票の氏名には在留カードに記載されている正字を記載することとなり，当該者が戸籍に記載されている正字を希望しても応じることはできません。

なお，同告示によると簡体字等と同じ形の正字も多くあり，簡体字と見受けられる漢字であっても，在留カード等に記載されている漢字は正字であると承知しています。

記載事項

> **Q72** 住民基本台帳法第30条の46の届出において，提示された在留カードの氏名が旅券の氏名と異なっていたので，法務省入国管理局に確認したところ，在留カードの氏名の記載を誤って交付した事実が判明しました。この場合，どのように取り扱えばよいでしょうか。

A 在留カードの氏名は旅券の記載のとおりに記載されるものと承知しているところ，地方入国管理局において在留カードの氏名を誤って作成し中長期在留者に交付していたとしても，住民票には在留カードに記載されている氏名を記載することとなります。なお，住民票を作成したときは，市町村通知を法務省へ送付する必要がありますが，在留カードの氏名と異なる氏名で通知を送ると情報連携にエラーが生じるものと承知しています。

その後，当該者が地方入国管理局において氏名を訂正された在留カードを交付されたときは，その旨の法務省通知が送付されるものと承知しており，同通知に基づき住民票の氏名を修正することとなります。

また，転入をした日から14日を経過していなければ，転入の届出を行う前に先に地方入国管理局において正しい氏名の在留カードの交付を受けた後で，改めて転入の届出を行うよう案内することもあり得ると考えます。

記載事項

Q73 外国人住民の氏名のふりがなは，どのように記載すればよいでしょうか。

A ふりがなは住民票の法定事項ではありませんが，外国人住民の漢字氏名及び通称には，日本人の氏名同様できるだけふりがなを付すことが適当であり，ふりがなを付す場合には，住民の確認を得る等の方法により，誤りのないように留意しなければならないとされています。

なお，ローマ字表記の氏名にはふりがなを付さなくても差し支えないとされています（住民基本台帳事務処理要領第2－1－(2)－ア）。

記載事項

Q74 住民基本台帳法第30条の46の届出において、提示された在留カードの生年月日の月と日がそれぞれ「00」(ゼロゼロ)と記載されていた場合、住民票の「出生の年月日」はどのように記載すればよいでしょうか。

A 中長期在留者等の住民票の「出生の年月日」は在留カード等に記載されている生年月日を記載することとされていますので(住民基本台帳事務処理要領第2-1-(2)-イ)、在留カードの記載のとおりに月と日については「00」を記載することとなります。

記載事項

> **Q75** 中長期在留者から，生年月日が変更された旅券を提示して住民票の「出生の年月日」を変更してほしいとの申出があった場合，これに応じて修正してもよいでしょうか。

A 　中長期在留者等の住民票の「出生の年月日」は，在留カード等に記載されている生年月日を記載することとされています（住民基本台帳事務処理要領第2-1-(2)-イ）。したがって，在留カードの生年月日の記載が変更されなければ住民票の記載は修正できませんので，地方入国管理局に相談するよう案内することとなります。入管法上の手続において生年月日の変更が認められた場合，その旨の法務省通知に基づいて住民票の記載を修正することとなります。

　ただし，一般的に生年月日は変わるものではないので，旅券の生年月日が変更された場合，当該者が身分事項を偽って旅券を取得し，日本に不法入国していた可能性もあり，地方入国管理局においてこの点について調査される場合があるものと承知しています。

記載事項

Q76 住民票の国籍・地域に朝鮮と記載されている特別永住者から，韓国総領事館が発行した国民登録完了証明書を提示して，住民票の国籍・地域を韓国に変更してほしいとの申出があった場合，どのように取り扱えばよいでしょうか。

A 中長期在留者等の住民票の国籍・地域は，在留カード等に記載されている国籍・地域を記載することとされています（住民基本台帳事務処理要領第2－1－(2)－テ）ので，特別永住者が国籍・地域に変更を生じたことを証する資料を所持していたとしても，当該資料をもって住民票の記載を修正することはできません。

したがって，まず入管特例法上の手続である特別永住者証明書の住居地以外の記載事項の変更届出を市町村窓口で行ってもらうこととなります。法務省においてこの届出を認めた場合に国籍・地域を韓国と記載した新たな特別永住者証明書が作成されるものと承知していますので，これを本人に交付するときに，法務省通知に基づき住民票の国籍・地域を韓国に修正することとなります。

なお，特別永住者証明書の住居地以外の記載事項の変更届出において，どのような資料が変更を生じたことを証する資料と認められるかについては，入管特例法を所管している法務省から示されているものと承知しています。

記載事項

> **Q77** 日本を含まない二重国籍者である中長期在留者から，表面と裏面それぞれに異なる国籍が記載された在留カードを提示して，住民票の国籍・地域にも2つの国籍を記載してほしいとの申出があった場合，これに応じてよいでしょうか。

A 地方入国管理局は，日本を含まない二重国籍者の在留カードに，表面に印字した国籍と別の国籍を裏面に記載する場合があると承知していますが，このような在留カードを所持する中長期在留者に係る住民票の国籍・地域については，在留カードの表面の国籍を記載し，裏面の国籍については記載しないことが適当です。なお，今後何らかの事由により法務省通知が送付される場合，当該通知には裏面の国籍の記載はなく表面の国籍のみが記載されるものと承知しています。

記載事項

Q78 本国において妻が複数認められている外国人住民について，続柄を証する文書によって世帯員それぞれとの婚姻関係を確認できる場合，世帯員の続柄はどのように記載すればよいでしょうか。

A この場合には，世帯主である夫との続柄を，全員「妻」と記載することとなります。

記載事項

Q79 外国人住民同士の同性婚の場合，世帯主との続柄はどのように記載すればよいでしょうか。

A 　世帯主との続柄について，同性婚が法的に認められている国の政府機関等が発行した文書により当該者に婚姻関係があることが確認できた場合，「夫」や「妻」と記載することはできませんので，「縁故者」と記載することが適当です。

記載事項

> Q80 住民基本台帳法第30条の46又は第30条の47の届出において,「従前の住所」として本国の住所を記載してほしいとの申出があった場合,これに応じてよいでしょうか。

A　住民基本台帳法第30条の46及び第30条の47の届出においては,「従前の住所」は,記載を要しないこととされています(住民基本台帳事務処理要領第2-1-(2)-コ)。したがって,本人の申出があっても,本国の住所を従前の住所として記載することはできません。

記載事項

Q81 在留資格「短期滞在」の上陸許可を受けて入国した外国人が在留資格変更許可を受けて中長期在留者となり，住民基本台帳法第30条の47の届出をした場合，住民票の「外国人住民となった年月日」に入国した年月日を記載してもよいでしょうか。

A 「外国人住民となった年月日」は，住民基本台帳法第30条の45の表の上欄に掲げる者となった年月日又は住民となった年月日のうち，いずれか遅い年月日を記載することとされています（住民基本台帳事務処理要領第2－1－(2)－テ）。「短期滞在」の在留資格で在留している者等，同法第30条の45の表の上欄に該当しない者は，住所を有していたとしても住民基本台帳法上の外国人住民には当たらないものであり，本件において「外国人住民となった年月日」に入国日を記載することはできません。

記載事項

Q82 施行日の前から居住していた外国人住民の住民基本台帳法附則第5条の届出に基づいて作成する住民票は，どのように記載するのでしょうか。

A 住民基本台帳法附則第5条の届出においては，在留カード等を提示しなければならないと規定されているところ，作成する住民票の「氏名」，「出生の年月日」，「男女の別」及び「国籍・地域」については在留カード等の記載のとおりに記載します。

「外国人住民となった年月日」については，平成24年7月9日と記載します。

「従前の住所」及び「住所を定めた年月日」については，空欄とします。

記載事項

Q83 住民基本台帳制度における外国人住民の通称とは、どのようなものでしょうか。

A 外国人住民の通称については「氏名以外の呼称であって、国内における社会生活上通用していることその他の事由により居住関係の公証のために住民票に記載することが必要であると認められるもの」と規定されています（住民基本台帳法施行令第30条の26）。

外国人住民から、通称として記載を求める呼称のほか、氏名、住所等を記載した申出書の提出があった場合、申出のあった呼称を住民票に記載することが居住関係の公証のために必要であると認められるときは、当該呼称を通称として住民票に記載することとなります。その際には、国内における社会生活上通用していることが客観的に明らかとなる資料等の提示を複数求める等により、厳格に確認を行うことが適当です（住民基本台帳事務処理要領第2−2−(2)−サ−(ア)）。

記載事項

Q84 住民基本台帳法施行令第30条の26第1項に規定する「当該呼称が居住関係の公証のために住民票に記載されることが必要であることを証するに足りる資料」とは,どのようなものでしょうか。

A 「国内における社会生活上通用していることが客観的に明らかとなる資料」であり,勤務先又は学校等の発行する身分証明書等の客観的資料が想定されます。通称の記載手続に際しては,2点以上の資料を求めて確認を行うことが適当であり,これらの他,国家資格の証明書,不動産登記簿謄本,給与明細書,携帯電話やアパートの契約書を資料の一つとすることも考えられます。

なお,A市において通称の記載があった外国人住民が国外に転出しその後B市に転入した場合におけるA市の住民票の除票の写しについても,当該通称が現在でも通用していることが確認される限りにおいて,資料の一つとして認められ得ると考えます。

ただし,手書きの書類,名刺,領収書等は,本人が容易に作成可能であると考えられるため,これらを資料とすることは適当ではありません。また,社員証と給与明細書のように,同じ人によって作成された資料を2つ以上提示されても,資料を複数確認したことにはなりません。

いずれにせよ,いかなる資料が「国内における社会生活上通用していることが客観的に明らかとなる資料」となるかについては,形式的・画一的に決められるものではなく,個々の事案に応じた総合的な判断が必要となります。

記載事項

Q85 通称の記載を求める申出において，国内における社会生活上通用していることの確認は必ず行わなければなりませんか。

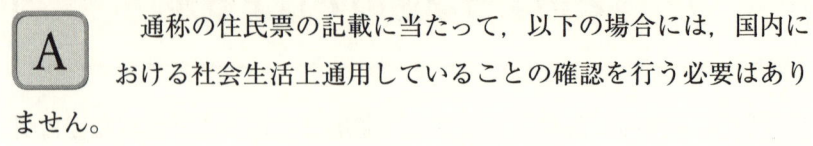

A 通称の住民票の記載に当たって，以下の場合には，国内における社会生活上通用していることの確認を行う必要はありません。

① 出生により，日本の国籍を有する親の氏若しくは通称が住民票に記載されている外国人住民である親の通称の氏を申し出る場合
② 日系の外国人住民が氏名の日本式氏名部分を申し出る場合
③ 婚姻等身分行為により，相手方の日本国籍を有する者の氏若しくは通称が住民票に記載されている外国人住民である相手方の通称の氏を申し出る場合

なお，①及び③の場合においては，親や身分行為の相手方の当該氏の確認を行ったのであれば，名に当たる部分について，別途国内における社会生活上通用していることの確認を行う必要はありません（住民基本台帳事務処理要領第2－2－(2)－サ－(ア)）。

記載事項

Q86 日本に初めて入国した直後の外国人住民から通称の記載の申出があった場合、これに応じることはできますか。

A 住民票に記載する通称は、日本国内において社会生活上通用していることが前提となるものであり、日本に初めて入国した外国人住民が、これから使用しようとする呼称を通称として記載することを求める等の創設的な通称の記載は、婚姻等の身分行為に伴う場合や日系人の場合を除き、原則として認められないと考えます。本件の場合も、仮に国内における社会生活上通用していることを証する書類として資料等の提示がなされたとしても、直ちに通称を記載することは適当ではありません。通称としての記載を求める呼称の使用期間についての明確な制限はありませんが、居住関係の公証の必要性の判断において、社会生活上通用している事実を確認するためには少なくとも一定程度の期間は当該呼称が使用されていることを必要とするものと考えます。

記載事項

Q87 氏名と同一の呼称を住民票に通称として記載してほしいとの申出があった場合，これを認めることはできますか。

A 　外国人住民基本台帳制度における通称は「氏名以外の呼称であつて，国内における社会生活上通用していることその他の事由により居住関係の公証のために住民票に記載することが必要であると認められるもの」(住民基本台帳法施行令第30条の26第1項)であるため，氏名と同一の呼称を，通称として記載することはできません。

記載事項

Q88 在留カード及び住民票の氏名がローマ字表記のみで記載されている中長期在留者から，旅券等の本国政府発行の文書に記載されている漢字氏名を住民票に通称として記載してほしいとの申出があった場合，これを認めることはできますか。

A 外国人住民基本台帳制度における通称とは「氏名以外の呼称であつて，国内における社会生活上通用していることその他の事由により居住関係の公証のために住民票に記載することが必要であると認められるもの」と規定されている（住民基本台帳法施行令第30条の26第1項）ところ，いわゆる漢字圏の中長期在留者については，地方入国管理局で在留カードに漢字氏名を併記する手続を行えば，住民票の氏名も法務省通知に基づき職権でローマ字表記に漢字表記を併記する修正が行われることとなります。

したがって，本件の場合，漢字氏名は「氏名以外の呼称」には該当しないので，申出に応じることはできません。地方入国管理局での在留カードに係る手続を案内するべきと考えます。

記載事項

> **Q89** 住民票への通称の記載の申出において、申し出ている通称が立証資料に記載されている通称と一部異なっています。本人によると、通称が長く健康保険証と年金手帳に記載できる文字数を超えているため一部分について省略されてしまったとのことですが、住民票には申出書のとおり通称を記載することを希望している場合、これに応じることはできますか。

A 外国人住民が住民票に通称の記載を求めるときは、通称として記載を求める呼称が居住関係の公証のために住民票に記載されることが必要であることを証するに足りる資料を提示しなければならないとされています（住民基本台帳法施行令第30条の26第1項）。どのような理由であっても、申し出ている通称が提示された疎明資料の通称と異なっているのであれば、国内における社会生活上通用していると認めることができませんので、申出の通称を住民票に記載することは適当ではありません。

記載事項

Q90 通称として使用できる文字について，簡体字，繁体字，ローマ字等の外国の文字やカンマ，ピリオド，ハイフン等の記号を使用することは認められないと考えますが，どうでしょうか。

A お見込みのとおりです。
住民票に記載する通称に使用できる文字は日本人が戸籍に記載することのできる文字です。

なお，日本の国籍を有する親や身分行為の相手方等の氏に俗字が用いられており，当該文字を使用して通称として住民票に記載を求めることが確認できる場合には，当該俗字を使用して住民票の通称として記載しても差し支えありません。

記載事項

> **Q91** 婚姻に伴って配偶者の氏と同じ氏の通称を住民票に記載している外国人住民が離婚した場合，職権で通称を削除する必要はありますか。また，同様の場合で，婚姻前に別の通称を記載していた者について，職権で従前の通称に変更する必要はありますか。

A 　日本人の場合，婚姻の際に改姓した者は，離婚により原則として婚姻する直前の氏に戻りますが，戸籍法上の届出等により離婚の際に称していた氏を称することも可能であり，配偶者の氏と同じ氏の通称で社会生活を送っていた外国人住民が，離婚した後も，社会生活において当該通称を変えずに使用することは否定されるものではなく，離婚したことをもって職権で通称を削除することは適当ではありません。本人から通称の削除の申出があった場合に，住民票の通称を削除することとなります。

　また，婚姻前に別の通称を使用していた者についても，職権で従前の通称に変更することは適当ではありません。なお，本人から現在の通称の削除及び婚姻前の従前の通称の記載を求める申出があった場合，当該従前の通称を確認することができれば，申出のあった通称が今後使用されることについて特段の疑義がないため，現在の通称を削除し，当該通称を記載することとして差し支えありません。

> **Q92** 住民票に通称が記載されていない外国人住民から，離婚した配偶者や死別した配偶者の氏を使用した通称の記載を求める申出があった場合，これを認めることはできますか。

A 婚姻等身分行為により，相手方の日本国籍を有する者の氏を申し出る場合にあっては，国内における社会生活上通用していることの確認に代えて，親や身分行為の相手方等の氏名の確認を行うことで差し支えない，とされています（住民基本台帳事務処理要領第2－2－(2)－サ－(ア)）が，離婚した配偶者や死亡した配偶者はここでいう「身分行為の相手方」には当たりません。

したがって，申出のあった通称が国内における社会生活上通用している状況が存在し，そのことが客観的に明らかとなる資料で確認されれば住民票に通称を記載することとなりますが，単に離婚や死別した配偶者の氏の確認を行うことで，社会生活上通用していることの確認に代えて通称を記載することは適当ではありません。

記載事項

> **Q93** 日本人男性と婚姻した外国人女性の実子の通称について，日本人男性と当該子は養子縁組をしておらず，住民票の続柄は「妻の子」と記載しており，当該子の母の住民票に通称の記載がありませんが，母の夫の氏と同じ氏の通称の記載を求める申出があった場合，これを認めることはできますか。

A 　婚姻等身分行為により，相手方の日本国籍を有する者の氏を申し出る場合にあっては，国内における社会生活上通用していることの確認に代えて，親や身分行為の相手方等の氏名の確認を行うことで差し支えない，とされています（住民基本台帳事務処理要領第2－2－(2)－サ－(ア)）が，母の夫と当該子が養子縁組をしていないのであれば，身分行為が生じていないので，ここでいう「身分行為の相手方」には当たりません。

　したがって，申出のあった通称が国内における社会生活上通用している状況が存在し，そのことが客観的に明らかとなる資料で確認できれば住民票に通称を記載することとなりますが，単に母の夫の氏の確認を行うことで，社会生活上通用していることの確認に代えて通称を記載することは適当ではありません。

記載事項

Q94 外国人住民の親子について，住民票に子は通称を記載していますが，親は記載していなかったところ，親が子の通称の氏と同じ氏の通称の記載を求める申出があった場合，これを認めることはできますか。

A 出生届により子は親の氏を名乗ることになりますが，親が子の氏を名乗るという身分行為は存在しませんので，子の通称の氏の確認を行うことで，親も同じ氏の通称を記載するという取扱いはできません。

そのため，親が子の通称の氏と同じ氏の通称を住民票に記載できるのは，今後，当該呼称で国内において社会生活を送っている状況が存在し，そのことが客観的に明らかとなる資料を提示できたときとなります。

記載事項

Q95 住民票に通称が記載されている外国人住民から，通称を変更したいとの申出があった場合，これを認めることはできますか。

A 住民票に記載する通称は，「氏名以外の呼称であって，国内における社会生活上通用していることその他の事由により居住関係の公証のために住民票に記載することが必要であると認められるもの」とされています（住民基本台帳法施行令第30条の26第1項）。したがって，ひとたび社会生活上通用しているとされた通称が変わるということは通常は想定されないものであり，原則として認められません。日本人が戸籍の氏名を変更する場合も，家庭裁判所の許可が必要である等，厳格な取扱いとなっている点にも留意するべきと考えます。

記載事項

Q96 いわゆる通称の変更が認められるときは，どのような場合でしょうか。

A ひとたび社会生活上通用しているとされた通称が変わるということは通常は想定されないものであり，通称の変更は原則として認められませんが，婚姻等の身分行為の相手方の氏（身分行為の相手方が外国人住民である場合の通称の氏を含む。）を使用した通称への変更については，当該身分行為以降，当該呼称が社会生活上通用することに特段の疑義がないため，いわゆる通称の変更を認めて差し支えありません。なお，いわゆる通称の変更は通称の記載の修正ではなく，当該者からの通称の削除の申出及び新たな通称の記載の申出により，身分行為の相手方の氏を確認した上で住民票に新たな通称を記載することとなります。

ただし，身分行為に基づいて通称の変更を申し出る場合であっても，名の部分について以前の通称と異なるものを記載することは，社会生活上通用している名の部分を変更することとなるので，原則として認められません。この点も含めて，通称の変更に関しては，日本人の氏名変更の場合に準拠して判断することとなります。

記載事項

Q97 婚姻に伴って配偶者の氏を通称の氏として住民票に記載していた外国人住民から，離婚したので婚姻前に使用していた従前の通称に戻したいとの申出があった場合，従前の通称を記載することはできますか。

A 婚姻の相手方の氏が住民票に通称として記載されていた外国人住民が，離婚後，従前の通称の氏を新たな呼称として申し出た場合は，申出のあった呼称が今後使用されることについて特段の疑義がないため，国内における社会生活上通用していることの確認に代えて，当該従前の通称の氏の確認を行うことで，現在の通称を削除した上で当該通称を住民票に記載することとして差し支えありません。

なお，従前の通称の氏の確認の方法としては，旧外国人登録原票，住民票の写しによることが想定されます。

Q98 婚姻前は住民票に通称の記載がなかった外国人住民が，婚姻により配偶者の氏を通称の氏として住民票に記載した後に離婚した場合，婚姻前のものとは別の新たな氏の通称を記載することはできますか。

A 通称のいわゆる変更は原則として認められません。一般的に，離婚により，婚姻前の通称の氏に戻ることは想定されても，一度も使用したことのない氏が国内における社会生活上，当然に通用するとは想定困難であり，これを住民票に記載することが居住関係を公証するために必要であるとは原則認められないと考えます。

しかし，以下のような氏の通称にする場合には，当該氏を資料により確認できるのであれば，申出のあった呼称が今後使用されることについて特段の疑義がないため，通称の名は変更しないことを前提に，現在の通称を削除した上で当該通称を記載することとして差し支えありません。

① 親の住民票に通称が記載されている場合，その親の通称の氏
② 日系の外国人住民である場合，氏名の日本式氏名部分の氏
③ 非漢字圏の外国人住民である場合，氏名の氏のローマ字をカタカナ読みで記載したもの

記載事項

> **Q99** 通称を漢字で記載している外国人住民から，当該通称をカタカナ読みにしたものに変更したいとの申出があった場合，認めることはできますか。

A 通称のいわゆる変更は原則として認められません。
　現在記載されている漢字の通称は国内における社会生活上通用しているが故に通称として認められているものであり，当該通称をカタカナにしたものが通用しているとは，通常は考えにくいものであることから，社会生活上通用していると判断することは困難と考えます。
　なお，通称には，できるだけふりがなを付すことが適当であるとされている（住民基本台帳事務処理要領第2－1－(2)－ニ－(ウ)）ところ，漢字の通称をカタカナ読みしたものは一般的に通称のフリガナに当たると考えます。

記載事項

> **Q100** 母が離婚したことにより，住民票の通称を婚姻前に使用していた通称に変更したとき，母と同じ氏の通称を記載している子について，母の変更後の通称と同じ氏の通称に変更したいとの申出があった場合，これを認めることはできますか。

A 日本人については，母が離婚し婚姻前の氏に戻った場合，子の氏を母と同じ氏に変更するための手続として，子の氏の変更許可の申立を家庭裁判所に行うことが認められていると承知しており，外国人住民の通称の氏についても，同様の状況であれば，変更を認めて差し支えないと考えます。

記載事項

Q101 住民基本台帳法第22条の届出において，提出された転出証明書に通称は記載されているが，「通称の記載及び削除に関する事項」が記載されていなかった場合，住民票の処理はどのようにすればよいでしょうか。

A 外国人住民に係る住民票に通称を記載した場合，当該通称を記載した市町村名及び年月日を記載することとされています（住民基本台帳法施行令第30条の27第1項第1号）。また，住民票に通称の記載及び削除に関する事項が記載されている外国人住民に係る転出証明書には，当該事項を記載することとされており（同法施行令第30条の27第3項），転出証明書を添えた転入届があった場合，当該転出証明書に記載された通称の記載及び削除に関する事項を記載することとされています（同法施行令第30条の27第2項）。これにより外国人住民の「通称」と「通称の記載及び削除に関する事項」が市町村間で引き継がれることになります。

したがって，本件の場合，転出証明書に記載漏れがあるので，前市町村に連絡し，適宜の方法により「通称の記載及び削除に関する事項」を把握し，作成する住民票に当該事項を記載することとなります。

記載事項

Q102 本来通称に使用できない外国の文字や記号が記載された通称が転出証明書に記載されている者が転入した場合，当該通称を職権で修正してもよいでしょうか。

A 通称を職権で修正することは本来想定されていませんが，本件のように通称に使用できない文字等が使われている等，明らかに誤記である場合には住民票に記載された通称を職権で修正することとして差し支えありません。

なお，当該通称を修正した際，本人へ通知等を行うことについて法令上の規定はありませんが，修正した旨を本人に伝えることが望ましいものと考えます。

記載事項

Q103 住民票に通称を記載していた外国人住民が国外に転出した後、再度同じ市町村に転入し住民基本台帳法第30条の46の届出を行った際に、転出前と同じ通称を今回も住民票に記載することを希望した場合、除票により通称が確認できるので当該通称を職権で記載してもよいでしょうか。それとも、通称の記載を求める申出書の提出が必要でしょうか。

A 住民基本台帳法第30条の46及び第30条の47の届出においては、転出証明書により各記載事項を引き継ぐ同法第22条の届出と異なり、新たに住民票を作成することとなります。したがって、通称の記載には、同法施行令第30条の26第1項で規定する申出書の提出が必要となります。除票等で当該者の従前の通称が確認できる状況であっても、通称を職権で記載することはできません。

なお、通称の記載の申出において、通称が記載されている除票を疎明資料として認めることは差し支えないと考えます。

記載事項

> **Q104** 本国の氏名の漢字が簡体字等であり，在留カード等及び住民票の漢字が当該文字と同じ形の正字で氏名が記載されている外国人住民から，当該文字を別の日本の正字に置き換えて日本の社会生活を送っているので，当該氏名を通称として住民票に記載してほしいとの申出が疎明資料を添えてあった場合，これを認めることはできますか。

A 外国人の氏名の漢字が簡体字等の日本の正字でない場合，在留カード等には「在留カード等に係る漢字氏名の表記等に関する告示（平成23年法務省告示第582号）」に基づき正字に置き換えて記載されますが，同告示によると簡体字等と同じ形の正字も多くあり，一見簡体字と見受けられるような漢字でも在留カードや特別永住者証明書に記載されているものは正字ということになります。ただし，このような外国人住民が同告示の置き換えとは異なる定義の正字の氏名で日本の社会生活を送っているという状況はあり得ると考えられます。

このような場合，疎明資料の氏名は，在留カード等及び住民票の氏名とは異なるものとみなし，氏名以外の呼称である通称と認め住民票に記載して差し支えないと考えます。

記載事項

> **Q105** 住民票を改製する際，旧住民票に記載された通称の記載及び削除に関する事項については，省略することなくすべて新住民票に移記する必要はありますか。

A お見込みのとおりです。
旧住民票に記載された通称の記載及び削除に関する事項については，省略することなくすべて新住民票に移記することとなります。

住民票の写し等の交付

Q106 住民票に通称が記載されている外国人住民に係る住民票の写し等の交付について，氏名の記載を省略した住民票の写し等の交付請求があった場合，どのように対応すればよいでしょうか。

A 　外国人住民の通称は，市町村において，通称を住民票に記載することが居住関係の公証のために必要であると認められるときに記載されるものであるため，各種の居住関係の公証の場面において使用される住民票の写しについて，氏名と一体のものとして取扱うこととなります。

　したがって，住民票に通称の記載がある外国人住民については，氏名を省略した住民票の写しを交付することはできません。必ず氏名と通称の両方が記載された住民票の写しを交付することとなります。

　なお，住民票記載事項証明書の交付においても同様の取扱いとなります（以下，住民票の写し及び住民票記載事項証明書を「住民票の写し等」という。）。

Q107 住民票に通称が記載されている外国人住民に係る住民票の写し等の交付について，通称の記載を省略した住民票の写し等の交付請求があった場合，どのように対応すればよいでしょうか。

A 外国人住民の通称は，市町村において，通称を住民票に記載することが居住関係の公証のために必要であると認められるときに記載されるものであるため，各種の居住関係の公証の場面において使用される住民票の写し等について，氏名と一体のものとして取り扱い，住民票の写し等の交付の際は，通称を必ず記載すべきものとされています。

したがって，住民票に通称の記載がある外国人住民については，通称を省略した住民票の写し等を交付することはできません。必ず氏名と通称の両方が記載された住民票の写し等を交付することとなります。

住民票の写し等の交付

> **Q108** 中長期在留者に係る住民票の写し等の交付について，在留資格を記載し，在留期間と在留期間の満了の日の記載を省略した住民票の写し等の交付請求があった場合，どのように対応すればよいでしょうか。

A 住民票の写し等の交付請求に対しては，在留資格と在留期間及び在留期間の満了の日を一体のものとして応じることが適当です。

住民票の写し等の交付

Q109 在留期間の満了の日を経過した外国人住民に係る住民票の写し等の交付請求があった場合，どのように対応すべきでしょうか。

A 在留期間の満了の日が経過し，不法滞在となった外国人については，法務省通知に基づき住民票が消除されますが，消除した住民票の写し等の交付請求があった場合には，住民票の写し等の交付に準じて取り扱うことが適当です（住民基本台帳事務処理要領第2－4－(5)）。ただし，転出証明書の代わりに，転入届に添付するための消除した住民票の写しの交付請求であれば，応じることはできません。

　また，在留期間の満了の日を経過していても入管法第20条第5項及び第21条第4項の規定による特例期間中であれば，住民票は消除していませんので，住民票の写し等の交付請求に応じて差し支えありません。この場合の在留資格，在留期間及び在留期間の満了の日については，在留期間を経過している状態の記載のまま交付することとなります。

住民票の写し等の交付

> **Q110** 施行日（平成24年7月9日）に住民票が作成されたものの，施行日前に事実上国外に転出していた場合等，施行日時点で住民基本台帳法の適用対象外であったことが後に判明した外国人について，住民票を職権で消除しました。当該消除した住民票の写し等の交付請求があった場合，どのように対応すればよいでしょうか。

A 施行日時点で事実上市町村の住民ではなかった外国人の住民票については，本来作成されるべきではなかったものであり，消除した住民票の写し等により居住関係を公証する必要性がないと考えられることから，当該請求に応じることは適当ではありません。

住民票の写し等の交付

> **Q111** 外国人住民が離婚し，母子と父が別住所に異動した場合，父は子の住民票の写し等の交付請求をすることはできますか。

A 住民票の写し等の交付請求において，法定代理人が行う場合は法令の規定により当該請求の任に当たるものであることを明らかにする書類を提示し，又は提出しなければならない（住民基本台帳法第12条4項）とされており，当該請求者が子の法定代理人（親権者）であるかどうかがポイントとなります。

親権については，原則として子の本国法によることとなります（法の適用に関する通則法第32条）が，日本と異なり離婚後も共同親権となる国もある等，その取扱いは国により異なるものであり，統一の取扱いを行うことが困難です。

したがって，子が外国人住民であり，別居している父との親権関係が明らかとならない場合は，出生証明書等で親子関係の確認ができ，親権関係において特段の疑義がなければ，父に対して住民票の写し等を交付することは可能と考えます。

Q112 帰化により日本人になった者に係る住民票の写し等の交付について，第三者請求において申出者が記載した請求対象者の氏名が帰化する以前の外国人住民としての氏名だった場合，請求に応じることはできますか。

A 請求対象者の同一性が確認され，かつ，請求が不当な目的によるものではないと判断されるときは，請求書の訂正を求めた上で受理し，住民票の写し等を交付することとして差し支えありません。

なお，この際には，帰化の届出日を告げることはしない等，請求対象者のプライバシーの保護に留意する必要があります。

住民票の写し等の交付

> **Q113** 住民票の写し等の交付請求があった場合，氏名のふりがなは記載して交付するのでしょうか。

A 　住民票に記載する氏名のふりがなは，市町村が氏名の読み方を認定するという性格のものではなく，市町村が住民記録の整理のために必要であるということで便宜的に記載しているものです。
　したがって，住民票の写し等に氏名のふりがなは記載しないで交付することが適当です。

Q114 住民票の写し等の交付について、住民票の備考欄を記載して交付することはできますか。

A 住民票の備考は住民基本台帳法第7条の記載事項に掲げられた事項を記載したものではなく、行政執務上の資料とするためのものであり、個人のプライバシーに関する事項が含まれています。このことを踏まえ、住民票の写し等の交付に当たり、備考欄については、原則として、省略して交付することが適当です。ただし、本人から備考の記載の希望があった場合等、請求者、請求事由等を踏まえて慎重に判断し、交付しても差し支えない場合もあり得ると考えます。

住民基本台帳ネットワークシステム

Q115 外国人住民が転出の届出をすることなく国外に転出し，後日，他市町村へ国外から転入した場合，住民票コードの取扱いはどのようにしたらよいでしょうか。以前記載されていた市町村の住民票コードを引き継ぐのでしょうか。それとも，新たな住民票コードを付番するのでしょうか。

A 日本人と同様，一度住民票コードが記載された外国人住民について，再度住民基本台帳に記録する際には，住民基本台帳ネットワークシステムの本人確認情報検索から以前記載された住民票コードを確認し，当該コードを住民票に記載することとなります（住民基本台帳法第30条の3第1項）。

なお，氏名（通称），生年月日，性別，住所の基本4情報を検索しても過去の記録から本人が特定できなかった場合は，新たな住民票コードを付番することとなります（同法施行令第30条の2第1項）。

Q116 住民基本台帳法第 30 条の 46 又は第 30 条の 47 の届出においても，本人確認情報検索を行い，以前記載された住民票コードの確認ができた場合は，当該住民票コードを記載するのでしょうか。

A お見込みのとおりです。

外国人住民については，住民基本台帳法第 30 条の 46 又は第 30 条の 47 の届出の場合も，当該者にかつて住民票コードが付番されていないか本人確認情報検索を必ず行う必要があります。

住民基本台帳ネットワークシステム

Q117 外国人住民の住民基本台帳法第30条の46の届出において、住民基本台帳ネットワークシステムの本人確認情報検索をしたところ、当該者にかつて日本人としての住民票があり住民票コードが記載されていたことが確認できた場合、住民票コードの取扱いはどうすればよいでしょうか。

A 外国人住民の以前の住民票が日本人としての住民票であった場合も、当該住民票に記載された住民票コードを記載することとなります。

Q118 外国人住民について，住民基本台帳ネットワークシステム等に関する規定の適用日（平成25年7月8日）前に住民票を消除すべき事由が生じていたことを適用日以後に把握した場合等，本来付番されるべきではない住民票コードが記載された住民票はどのように取り扱えばよいでしょうか。

A 　外国人住民の住民基本台帳ネットワークシステム等に関する規定の適用日（平成25年7月8日，以下「適用日」という。）前に，外国人が国外に転出していた等，消除すべき事由が生じていたが，適用日以降に当該事実が判明したため住民票コードが付番された住民票については，当該市町村において，住民票コードを記載したまま，消除することとなります。

> **Q119** 施行日（平成24年7月9日）に住民票が作成され，適用日（平成25年7月8日）に住民票コードが付番されたが，施行日前に出国しており，本邦に居住実態がないとして住民票が消除された者について，その後，新たに住民票を作成する場合に，消除された住民票に記載された住民票コードは引き継ぐのでしょうか。

A お見込みのとおりです。
　住民票のある外国人住民が，施行日以前にすでに出国をしていたことが判明した場合，当該住民票は本来作成されるべきではなかったものと解されますが，適用日時点において現に住民票として存在し，住民票コードも付番されていることから，住民基本台帳法第30条の3第1項に基づき，直近に記載した住民票コードを記載することとなります。

Q120 外国人住民の氏名又は通称のふりがなを修正した場合，本人確認情報の更新は行うのでしょうか。

A　氏名又は通称のふりがなを修正しても，それだけで本人確認情報の変更として通知する取扱いとはせず，転入，転居等他の本人確認情報の通知を行う場合に最新のふりがなを通知することとして差し支えありません。

住民基本台帳ネットワークシステム

> **Q121** 帰化若しくは国籍取得又は国籍喪失により，住民票の記載及び消除を行った場合の本人確認情報の異動事由及び異動日はどのように設定するのでしょうか。

A 異動事由については，「職権消除等」及び「職権記載等」となり，この順に本人確認情報の通知を行います。また，異動日については，帰化又は国籍取得の場合，帰化の告示日又は国籍取得日を，国籍喪失の場合，国籍喪失日を設定することとなります。

通知カード・マイナンバーカード

Q122 住民票に通称が記載されている外国人住民から，券面に氏名又は通称のいずれか片方のみが記載されたマイナンバーカードの交付を求められても，応じることはできないと考えますが，どうでしょうか。

A お見込みのとおりです。

　住民票に通称が記載されている外国人住民については，氏名及び通称が券面に記載されたマイナンバーカードが交付されることとなります。したがって，氏名及び通称のいずれか片方のみをマイナンバーカードの氏名欄に記載するという取扱いはできません。

Q123 マイナンバーカードの交付を受けている外国人住民が入管法上の手続に伴い新たな在留カードの交付を受けた際に、氏名の順序等、表記が変わった場合、住民票は法務省通知に基づいて職権修正しますが、マイナンバーカードはどのように取り扱いますか。

A　マイナンバーカードの交付を受けている者は、マイナンバーカードの記載事項に変更があったときは、その変更があった日から14日以内に、その旨を住所地市町村長に届け出て、当該マイナンバーカードを提出しなければならないとされており（行政手続における特定の個人を識別するための番号の利用等に関する法律（以下「番号法」という。）第17条第4項）、外国人住民にマイナンバーカードの券面記載事項の変更内容並びにその者の氏名及び住所を記載した変更届を提出させることとなります。

　この場合、転居届等にマイナンバーカードの券面記載事項の変更届出を行う旨を記載することにより、変更届の提出に代えることができます（通知カード及び個人番号カードの交付等に関する事務処理要領（以下「カード交付等事務処理要領」という。）第3-3-(2)-ア）。

　なお、同様の状況で通知カードの場合も考え方は同じです（番号法第7条第5項、カード交付等事務処理要領第2-3-(2)-ア）。

通知カード・マイナンバーカード

Q124 マイナンバーカードの交付を受けている外国人住民に係る住民票に通称の記載又は削除を行った場合,マイナンバーカードの処理はどのように行えばよいでしょうか。

A　原則として,同日にマイナンバーカードの券面記載事項の変更届出を行う必要があることを案内し,マイナンバーカードを持参していない場合には,再度来庁するよう案内します。マイナンバーカードを持参していないが,申出日に通称の記載又は削除を行う必要があると市町村で判断を行った場合には,後日必ずマイナンバーカードを持参し,マイナンバーカードの表面記載事項の変更届出を行うよう案内します。

この場合において,通称の記載又は削除の申出書にカードの券面記載事項の変更届出を行う旨を記載することにより,変更届の提出に代えることができます。

マイナンバーカードの追記欄に「通称(住民票に記載された通称),(届出年月日)」又は「通称削除(届出年月日)」を記載して職印を押します。また,券面事項確認情報及び券面事項入力補助情報を修正します。届出年月日はマイナンバーカードの券面記載事項の変更届出の年月日を記載します(住民票に通称の記載又は削除を行った年月日と同日が原則ですが,通称の記載又は削除をした際にマイナンバーカードが提出されなかった場合は,後日なされた表面記載事項の変更届出の年月日を記載します。)。

なお,同様の状況で通知カードの場合も考え方は同じですが,表面

記載事項の変更処理の完了後，マイナンバーカードの作成に必要となる情報を最新にするために，統合端末においてマイナンバーカードの交付申請書の情報を更新し，登録します。

また，マイナンバーカードの表面の追記欄への記載ではなく，券面記載事項に通称の追加又は削除を希望する場合には，マイナンバーカードの再交付の手続を案内します。

通知カード・マイナンバーカード

> **Q125** 外国人住民の氏名及び通称の字数が多いため，表面に一部が記載されていないマイナンバーカードが作成された場合，当該カードの処理はどのように行えばよいでしょうか。

A 氏名及び通称の字数が多いため，マイナンバーカードの表面に記載できない部分があるときは，当該部分をマイナンバーカードの表面の追記欄に記載し，「何字加入」等と明記してこれに職印を押します（カード交付等事務処理要領第3－1－(2)－イ）。

通知カード・マイナンバーカード

> **Q126** 外国人住民の場合，住民票の生年月日は西暦で記載されていますが，マイナンバーカードでも同様に西暦で記載するのでしょうか。

A お見込みのとおりです。
　住民票と同様，マイナンバーカードも，日本人は和暦で記載されていますが，外国人住民については西暦で記載されます。

Q127 マイナンバーカードの交付を受けている外国人住民が帰化又は国籍取得した場合，マイナンバーカードはどのように取扱いますか。

A マイナンバーカードの交付を受けている外国人住民が帰化又は国籍取得したことにより住民票の氏名の変更があったり，通称がなくなった場合は，当該者からの届出を受けて，マイナンバーカードの追記欄に帰化（又は国籍取得）により氏名が変更された旨及び通称が削除された旨と届出年月日を記載し，ICチップの情報を更新します。

なお，生年月日の西暦と和暦の変更は，追記欄上もICチップにおいても行う必要はありません。

通知カード・マイナンバーカード

Q128 外国人住民のマイナンバーカードの有効期間はどのように設定されますか。

A 外国人住民のマイナンバーカードの有効期間は以下のとおりになります（行政手続における特定の個人を識別するための番号の利用等に関する法律の規定による通知カード及び個人番号カード並びに情報提供ネットワークシステムによる特定個人情報の提供等に関する省令（以下「カード省令」という。）第27条第1項）。

- 在留資格「高度専門職第2号」，「永住者」の者及び特別永住者については，マイナンバーカード発行日に20歳以上の者は発行日から発行日後10回目の誕生日まで，発行日に20歳未満の者は発行日から発行日後5回目の誕生日まで
- 中長期在留者（高度専門職第2号及び永住者を除く。）は，在留期間の満了日まで
- 一時庇護許可者又は仮滞在許可者は，上陸期間又は仮滞在期間を経過する日まで
- 出生による経過滞在者又は国籍喪失による経過滞在者は，出生した日又は日本の国籍を失った日から60日を経過する日まで

通知カード・マイナンバーカード

> **Q129** マイナンバーカードの交付を受けている外国人住民が在留期間の更新や在留資格の変更の許可を受けた場合，マイナンバーカードの有効期間はどのように取り扱えばよいでしょうか。

A 在留資格「高度専門職第2号」及び「永住者」の者を除く中長期在留者のマイナンバーカードの有効期間は，カード省令第27条第1項の規定により，マイナンバーカードの発行の日から在留期間の満了日までとされていますが，この場合，在留期間の満了日とは，マイナンバーカードの発行時点における満了日を指します。そのため，在留期間の更新や在留資格の変更に伴う法務省通知があった場合，本人からの申請により，10回目の誕生日を超えない範囲で，在留期間等の変更に合わせてマイナンバーカードの有効期間を変更し，新たな有効期間を追記欄に記載するとともに，ICチップの情報を更新することとなります。

Q130 マイナンバーカードの交付申請の時点で、以下のように有効期間を設定できないことが見込まれる場合は、どのように対応すればよいでしょうか。

- 在留期間の満了の日が到来しているが、在留期間更新等許可申請中であることが在留カードから確認できる場合（特例期間中である場合）
- マイナンバーカードの交付予定日の前に在留期間の満了の日が到来することが見込まれる場合

A 在留期間の更新等が許可された後で、改めてマイナンバーカードの交付申請を行うよう案内することが適当です。

通知カード・マイナンバーカード

Q131 マイナンバーカードの交付を受けている外国人住民から，国外への転出届があった場合，マイナンバーカードの返納も必要でしょうか。

A お見込みのとおりです。

日本人が国外への転出の届出をした場合と同様であり，マイナンバーカードの交付を受けている者が国外に転出したときはマイナンバーカードは失効する（番号法施行令第14条第1号）ので，国外転出届の際に，返納届を添えてマイナンバーカードを返納させ，そのカード運用状況を廃止及び回収とします。

なお，国外転出届に住民基本台帳カードを返納する旨を記載することにより，返納届の提出に代えることができます（カード交付等事務処理要領第3-3-(7)）。

返納を受けた当該マイナンバーカードに国外への転出により返納を受けた旨を表示し，当該者に還付します。

また，同様の状況で通知カードの場合も考え方は同じです。

通知カード・マイナンバーカード

Q132 マイナンバーカードの電子証明書の有効期間は原則として発行の日後5回目の誕生日までですが，マイナンバーカードの有効期間が在留期間の満了日までであるため，それより前に満了する外国人住民の場合，電子証明書の有効期間はどうなるのでしょうか。

A 電子証明書の有効期間は，原則として当該電子証明書の発行の日後の申請者の5回目の誕生日ですが，それより前にマイナンバーカードの有効期間が満了した場合は，電子証明書の有効期間も終了することとなります（電子署名に係る地方公共団体の認証業務に関する法律施行規則第13条，第49条）。

印鑑登録

Q133 在留資格「短期滞在」で在留している外国人は、印鑑登録を受けることはできないのでしょうか。

A お見込みのとおりです。
　印鑑登録を受けることができる者は、当該市町村の住民基本台帳に記録されている者とするとされており、在留資格「短期滞在」で在留している外国人は住民基本台帳法の対象ではないことから、印鑑登録はできません（印鑑登録証明事務処理要領第2－1－(1)）。

印鑑登録

Q134 住民票の氏名に漢字表記がされている外国人住民について、簡体字等による印影の印鑑の登録は認められますか。

A 文字の字形が異なっているとしても、住民票における文字と同一の文字を表しているのであれば、当該印鑑の登録は認めることとして差し支えありません。

なお、簡体字等が住民票における文字と同一の文字を表していると認められるかどうかを判断するに当たっては、「在留カード等に係る漢字氏名の表記等に関する告示（平成23年法務省告示第582号）」も参考になるものと考えます。

Q135 外国人住民の通称を印鑑登録することはできますか。

A 外国人住民に係る住民票に通称が記載されている場合は当該通称を印鑑登録することができます。なお、印鑑登録原票の氏名欄には、通称は氏名とあわせて記載することとなります（印鑑登録証明事務処理要領第2－5－(1)－ウ）。

印鑑登録

Q136 外国人住民の氏名をカタカナ表記したものを印鑑登録することはできますか。

A 　非漢字圏の外国人住民が、住民票の備考欄に記録されている氏名のカタカナ表記又はその一部を組合わせたもので表されている印鑑により登録を受けようとする場合は、当該印鑑を登録することができます（印鑑登録証明事務処理要領第2－4－(3)）。

　この場合、印鑑登録証明書は、氏名のほかに当該氏名のカタカナ表記を記載することとなります（印鑑登録証明事務処理要領第4－2－(1)－オ）。

Q137 「非漢字圏の外国人住民」とは，どのような者をいうのですか。

A 原則として，住民票に記載される国籍・地域が中国，台湾，韓国，朝鮮に該当する外国人住民以外の者を想定しています。

なお，上記に関わらず，本国における公的な身分証明書において氏名に漢字が使用されている外国人住民に対して，地方入国管理局は在留カードに漢字氏名を併記することがあるものと承知しており，この場合は住民票の氏名も漢字表記がローマ字表記に加えて記載されることとなります。

印鑑登録

> **Q138** 印鑑登録している非漢字圏の外国人住民について，法務省通知に基づき職権で住民票の氏名の順序を変更した場合，住民票の備考欄に記載している氏名のカタカナ表記も，職権で変更して差し支えないでしょうか。

A 非漢字圏の外国人住民の住民票の備考欄に氏名のカタカナ表記を記載することの趣旨は，外国人住民の印鑑登録証明事務に資するためのものであるため，当該外国人住民の氏名の順序の変更が各市町村の根拠条例に定める印鑑登録のまつ消事由に当たるかどうか，適宜，判断することとなり，その結果，単なる氏名の並び順の変更であり，印鑑登録のまつ消事由に当たらないと判断した場合は，職権により，修正後の氏名と整合するカタカナ表記に変更することもあり得ると考えます。

　なお，当該外国人住民の氏名の順序の変更が各市町村の根拠条例に定める印鑑登録のまつ消事由に該当し，登録されている印影を変更する必要がある場合は，職権で当該印鑑の登録をまつ消することを想定しています。この場合において，変更前の氏名のカタカナ表記に基づき作成された印鑑を登録しているときは，当該印鑑の登録はまつ消されるため，住民票の備考欄に氏名のカタカナ表記を記載しておく意義は失われることとなります。

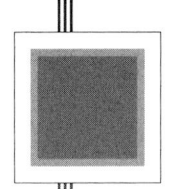

第3 参考資料

　「第2　Q&A」に出現する「住民基本台帳事務処理要領」,「通知カード及び個人番号カードの交付等に関する事務処理要領」,「印鑑登録証明事務処理要領」の該当項目の全文を参考資料として登載いたしました。

　なお，各項目には，日本加除出版刊・「平成27年度　住民基本台帳六法」(「27 住基六法」と略す。) の該当ページを掲載しておりますので，合わせてご参照ください。

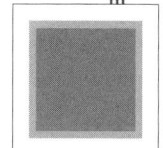

Q3

住民基本台帳事務処理要領

第2－1－(2)－カ　(「27 住基六法（通知・実例編 23 頁））

カ　住民となった年月日（法第7条第6号）

　日本の国籍を有する者について，同一市町村内（指定都市にあっては，その市）に引き続き住むようになった最初の年月日を記載する。ただし，外国人住民が日本の国籍を有することとなった場合における住民となった年月日については，外国人住民に係る住民票に記載された外国人住民となった年月日を記載する。

　市町村の廃置分合または境界変更があったときは，その処分前の市町村の区域内に最初に住所を定めた年月日をそのままとし，その処分により修正すべきではない。

Q21

住民基本台帳事務処理要領

第4－2－(1)－イ　(「27 住基六法（通知・実例編 81 頁以下））

イ　届出書に添付すべき書類が添付されているかどうか（法第22条第2項，法第30条の46，法第30条の47，法第30条の48，法第30条の49，令第30条）。

　法第30条の46の転入の届出，法第30条の47の届出については，在留カード等の提示が義務付けられている。

　外国人住民が転入届，転居届を行う場合，在留カード等の提示は義務とはされてないが，入管法及び入管特例法上，在留カード又は特別永住者証明書を提出して転入届，転居届をしたときは，法務大臣への住居地の届出とみなすこととされている（入管法第19条の9第3項，入管特例法第10条第5項）ことを踏まえ，外国人住民の便宜の観点から，在留カード又は特別永住者証明書の提出を促すことが望ましい。

　なお，国民健康保険の被保険者である者が転居届または世帯変更届に添えるべき国民健康保険の被保険者証又は被保険者資格証明書とは，アなお書の被保険者証又は被保険者資格証明書をいうものである。

Q24

住民基本台帳事務処理要領

第1－6　(「27 住基六法（通知・実例編 15 頁））

6　入管法及び入管特例法との関係

参考資料

　外国人住民のうち，中長期在留者等の住民票の記載事項中本人の氏名，出生の年月日，男女の別，国籍・地域（法第30条の45に規定する国籍等をいう。以下同じ。）及び法第30条の45の表の下欄に掲げる事項は，入管法及び入管特例法に基づき中長期在留者等に交付された在留カード等の記載と一致しなければならない。

　このため，法務大臣は，入管法及び入管特例法に定める事務を管理し，又は執行するに当たって，外国人住民の氏名，出生の年月日，男女の別，国籍・地域及び法第30条の45の表の下欄に掲げる事項に変更があったこと又は誤りがあることを知ったときは，遅滞なく，その旨を当該外国人住民が記録されている住民基本台帳を備える市町村の市町村長に通知しなければならないこととされている（法第30条の50）。

Q25
住民基本台帳事務処理要領
第4－2－(2)－エ－(イ)　（「27 住基六法（通知・実例編86頁））
(イ)　外国人住民について，転出証明書に記載のある在留期間の満了の日が，転入届のあった時点で既に経過している場合等には，在留カード等の提示を求め，在留期間更新等許可申請中であることを確認する等の方法により，外国人住民であることを確認したうえ，住民票の作成又は記載を行う。

Q35
住民基本台帳事務処理要領
第4－2－(1)－ウ　（「27 住基六法（通知・実例編83頁））
ウ　世帯主でない外国人住民であってその世帯主が外国人住民である者が，次の届出を行う場合は，原則として，世帯主との続柄を証する文書及び外国語によって作成されたものについては翻訳者を明らかにした訳文が添付されているかどうか（法第30条の48，法第30条の49，規則第49条）。
　(ｱ)　転入届
　(ｲ)　転居届
　(ｳ)　世帯変更届
　(ｴ)　法第30条の46による届出
　(ｵ)　法第30条の47による届出
　(ｶ)　法第30条の48による届出

なお，外国人住民の世帯主との続柄を証する文書については，戸籍法に基づく届出に係る受理証明書若しくは記載事項証明書又は結婚証明書若しくは出生証明書その他外国政府機関等が発行した文書であって，本人と世帯主との続柄が明らかにされているものとする。

Q37
住民基本台帳事務処理要領
第4-2-(2)-ウ（「27 住基六法（通知・実例編86頁））
ウ 届出をし又は付記をした事項が，届出書の記載の内容その他の事情を総合的に判断し，事実に反する疑いがあるときは，法第34条第2項の規定により調査し，その事実を確認する。

Q39
住民基本台帳事務処理要領
第2-2-(2)-ア-(ｱ)（「27 住基六法（通知・実例編33頁））
　(ｱ) 出生届に基づく記載
　　住民票を作成し，又は出生をした者に係る世帯の住民票にその者の記載をする。ただし，外国人として出生した者については，出生した日から60日を経過していない場合に限る。
第2-2-(2)-ア-(ｶ)（「27 住基六法（通知・実例編34頁））
　(ｶ) 職権で戸籍の記載又は記録をした場合及び法第9条第2項の規定による通知を受けた場合においては，(ｱ)から(ｵ)までの例により住民票を処理する。

Q42
住民基本台帳事務処理要領
第2-2-(2)-ア-(ｴ)（「27 住基六法（通知・実例編33頁））
　(ｴ) 国籍喪失届又は国籍喪失報告に基づく記載及び消除（令第8条の2）
　　国籍を喪失した日から60日を経過していない場合には，国籍を喪失した者の外国人住民としての住民票を作成し，又はその者に係る世帯の住民票に法第30条の45に規定する事項を記載するとともに，日本人住民としての住民票（世帯票が作成されている場合にあってはその住民票の全部又は一部）を消除する。その事由（国籍喪失）及びその事由の生じた年月日をそれぞれに記入する。

参考資料

第2-2-(2)-ア-(カ)

Q39（161頁）参照。

Q44
住民基本台帳事務処理要領

第2-2-(2)-ア-(イ)（「27 住基六法（通知・実例編33頁）」）

(イ) 帰化届又は国籍取得届に基づく記載及び消除（令第8条の2）

　　帰化をした者若しくは国籍を取得した者の日本人住民としての住民票を作成し，又はその者に係る世帯の住民票に法第7条に規定する事項を記載するとともに，外国人住民としての住民票（世帯票が作成されている場合にあってはその住民票の全部又は一部）を消除する。その事由（帰化又は国籍取得）及びその事由の生じた年月日をそれぞれに記入する。

Q45
住民基本台帳事務処理要領

第2-2-(2)-ア-(ウ)（「27 住基六法（通知・実例編33頁）」）

(ウ) 死亡届または失踪宣告届に基づく消除

　　消除の事由（死亡または失踪宣告）およびその事由の生じた年月日を記入したうえ，消除する。

第2-2-(2)-ア-(カ)

Q39（161頁）参照。

Q48
住民基本台帳事務処理要領

第4-3-(4)（「27 住基六法（通知・実例編87頁）」）

(4) 転出届はあらかじめ行うこととされているが，事情により住所を移すまでの間に届出を行うことができない場合等には，転出をした日から14日以内に限り転出届を受理することができる。この期間を経過した日以後は，職権による住民票の消除等により，転出証明書の代わりに，転入届に添付すべき書類として発行した旨を記載した転出証明書に準ずる証明書又は消除した住民票の写しを交付する。

Q55
住民基本台帳事務処理要領
第2-2-(1)-オ-(ア) (「27 住基六法(通知・実例編 31 頁))
　(ア) 転出届があったときは，たとえば次の例により消除の事由(転出)，転出先の住所および転出の予定年月日を「○年○月○日　　へ転出(予定)」等の例により記入し，転出の予定年月日に消除する。

Q61
住民基本台帳事務処理要領
第2-2-(2)-ア-(キ) (「27 住基六法(通知・実例編 34 頁))
　　　　　　　　　　※下記については，平成28年2月24日改正内容を反映
　(キ) 法第30条の50の規定による法務大臣からの通知に基づく処理(令第30条の31)
　　法務大臣からの通知があった場合においては，住民票の消除又は記載の修正をし，通知の事由(氏名変更，在留資格変更許可等)及びその事由の生じた年月日を記入する等住民票についての処理経過を明らかにする事項を備考として記入する。ただし，特別永住者に係る住民票の記載の修正(入管特例法第5条第2項の規定に基づく許可により，新たな特別永住者となった旨の住民票の記載の修正を除く。)については，特別永住者証明書を交付したときに住民票の記載の修正を行うものとする。法務大臣からの通知は，おおむね，次のとおりである。(略)
　　なお，外国人住民の住民票に記載された在留期間の満了の日等が経過した場合，法務大臣からの通知により外国人住民でなくなったことを確認のうえ，住民票の消除をするものとする。

Q63
住民基本台帳事務処理要領
第1-6
Q24(159頁以下)参照。

Q64
住民基本台帳事務処理要領
第2-1-(2)-ア (「27 住基六法(通知・実例編 20 頁以下))

163

参考資料

ア　氏名（法第7条第1号）

　　日本の国籍を有する者については，戸籍に記載又は記録がされている氏名を記載（字体も同一にする。）する。世帯票の場合には，氏を同じくする世帯員が数人いる場合であっても，氏を省略することなく氏名を記載する。本籍のない者又は本籍の不明な者については，日常使用している氏名を記載する。

　　外国人住民のうち，中長期在留者等については，在留カード等に記載されている氏名を記載する。

　　なお，出入国港において在留カードを交付されなかった中長期在留者にあっては，後日在留カードを交付する旨の記載がされた旅券のローマ字表記の氏名を記載する。

　　出生による経過滞在者又は国籍喪失による経過滞在者については，出生届，国籍喪失届又は国籍喪失報告に付記されているローマ字表記の氏名を記載する。ただし，これら戸籍の届出書等にローマ字表記の氏名の付記がない場合，住民票の氏名については同届出書等に記載されたカタカナ又は漢字による表記の氏名を記載する。なお，これら経過滞在者が後日在留資格を取得した等として，法務大臣からの通知がなされた場合において，同通知上の氏名が異なっているときは，同通知に基づき氏名の記載を修正する。

　　非漢字圏の外国人住民について，印鑑登録証明に係る事務処理上氏名のカタカナ表記を必要とする場合には，これを備考として記入することが適当である。

　　世帯票の場合における世帯員の記載順序は，次によることが適当であり，転入等により既設の世帯に入る者については，末尾に順次記載する。

第1順位 { 1 世帯主 / 2 配偶者 / 3 長女 / 4 二男 / 5 二女 }　　第2順位 { 6 長男 / 7 長男の妻 / 8 長男の長男 }

世帯主の家族 [夫婦とその子の一団に属しないもの] { 9 母 / 10 姉 / 11 弟 / 12 祖母 }　　世帯主の家族以外の者 { 13 同居人 / 14 家事使用人 }

（注）　氏名の文字に誤字があるもの，又は常用漢字の原字等により戸籍に記載又は記録がされているもの等については，本人からの申出により，市町村長の職

権で，それに対応する文字又は字体に更正できることとされている（戸籍先例）ので，その更正を希望する者に対しては，その旨を指導するのが適当である。

また，氏名には，できるだけふりがなを付すことが適当である。その場合には，住民の確認を得る等の方法により，誤りのないように留意しなければならない。

外国人住民のローマ字表記の氏名には，ふりがなを付さなくても差し支えない。

Q66
住民基本台帳事務処理要領
第2－1－(2)－ア
Q64（163頁以下）参照。
第2－1－(2)－イ　（「27 住基六法（通知・実例編21頁以下））
イ　出生の年月日（法第7条第2号）

日本の国籍を有する者については，戸籍に記載又は記録がされている出生の年月日を記載する。この場合において，年号を印刷しておき該当年号を○で囲むこと，又は生年月日の記載であることが明らかである限り，「明治，大正，昭和，平成」の年号を「明，大，昭，平」と，「10年10月10日」を「10.10.10」と略記することは，いずれも差し支えない。

外国人住民のうち，中長期在留者等にあっては，在留カード等に記載されている生年月日を記載する。出生による経過滞在者又は国籍喪失による経過滞在者にあっては，出生届，国籍喪失届又は国籍喪失報告に記載された出生の年月日に基づいて西暦により記載する。なお，「2000年10月10日」を「2000.10.10」と略記することは差し支えない。

第2－1－(2)－テ　（「27 住基六法（通知・実例編26頁））
テ　国籍・地域（法第30条の45）

在留カード等に記載されている国籍・地域を記載する（無国籍を含む。）。なお，出生による経過滞在者の国籍・地域欄については空欄とし，後日在留資格を取得した等として，法務大臣からの通知がなされた場合には，同通知に基づき職権で国籍・地域の記載の修正を行う。また，国籍喪失による経過滞在者の国籍・地域については，国籍喪失届や国籍喪失報告の記載を確認し，職権で国籍・地域の記載を行う。

第2－1－(2)－ナ－(オ)　（「27 住基六法（通知・実例編27頁））
(オ)　出生による経過滞在者

参考資料

出生による経過滞在者であることについて記載するが，法第30条の45の表の上欄に掲げる者の区分に応じた欄を設け符号により記載する方法でも差し支えない。

なお，出生した日から60日を経過する年月日を備考として記入することが適当である。

Q67
住民基本台帳事務処理要領
第2-1-(2)-カ
Q3（159頁）参照。
第3-1-(2)-エ （「27 住基六法（通知・実例編78頁））
エ 住所を定めた年月日（第4号）
ウと同じく戸籍の届出又は住所地市町村長からの住所変更に関する通知等によって出生の年月日又は当該住所に転入，転居等をした年月日について記載をする。

ただし，外国人住民が日本の国籍を有することとなった場合における住所を定めた年月日については，外国人住民に係る住民票に記載された外国人住民となった年月日を記載する。

なお，転居後に日本の国籍を有することとなった場合には，外国人住民に係る住民票に記載された住所を定めた年月日を記載する。

Q69
住民基本台帳事務処理要領
第2-1-(2)-ア
Q64（163頁以下）参照。

Q71
住民基本台帳事務処理要領
第2-1-(2)-ア
Q64（163頁以下）参照。

Q73
住民基本台帳事務処理要領

第2-1-(2)-ア

Q64（163頁以下）参照。

Q74
住民基本台帳事務処理要領

第2-1-(2)-イ

Q66（165頁）参照。

Q75
住民基本台帳事務処理要領

第2-1-(2)-イ

Q66（165頁）参照。

Q76
住民基本台帳事務処理要領

第2-1-(2)-テ

Q66（165頁）参照。

Q80
住民基本台帳事務処理要領

第2-1-(2)-コ　（「27 住基六法（通知・実例編 24 頁））

コ　従前の住所（法第7条第8号）

　転入をした者について転出地の住所を記載する。従前の住所は，原則として，転出証明書に記載された住所と一致する。なお，法第30条の46及び法第30条の47に基づく届出をした者については，記載を要しない。

Q81
住民基本台帳事務処理要領

第2-1-(2)-テ

Q66（165頁）参照。

Q83
住民基本台帳事務処理要領

参考資料

第2-2-(2)-サ-(ｱ)　(「27 住基六法（通知・実例編 40頁)」)
(ｱ)　通称については，外国人住民から通称の記載を求める申出書の提出があった場合において，当該申出のあった呼称を住民票に記載することが居住関係の公証のために必要であると認められるときは記載しなければならない。

住民票に通称の記載を求めようとする外国人住民に対し，次に掲げる事項を記載した申出書を提出させるとともに，住民票への記載を求めようとする呼称が居住関係の公証のために住民票に記載されることが必要であることを証するに足りる資料を提示させなければならない（令第30条の26第1項，第2項，規則第45条）。

A　通称として記載を求める呼称
B　氏名
C　住所
D　住民票コード又は出生の年月日及び男女の別
E　通称として記載を求める呼称が国内における社会生活上通用していることその他の居住関係の公証のために住民票に記載されることが必要であると認められる事由の説明

通称の住民票への記載に当たっては，国内における社会生活上通用していることが客観的に明らかとなる資料等の提示を複数求める等により，厳格に確認を行う。

なお，①出生により，日本の国籍を有する親の氏若しくは通称が住民票に記載されている外国人住民である親の通称の氏を申し出る場合，②日系の外国人住民が氏名の日本式氏名部分を申し出る場合又は③婚姻等身分行為により，相手方の日本国籍を有する者の氏若しくは通称が住民票に記載されている外国人住民である相手方の通称の氏を申し出る場合にあっては，国内における社会生活上通用していることの確認に代えて，親や身分行為の相手方等の氏名又は通称の氏等の確認を行うことで差し支えない。

Q85
住民基本台帳事務処理要領
第2-2-(2)-サ-(ｱ)
Q83（167頁以下）参照。

168

Q92
住民基本台帳事務処理要領
第2-2-⑵-サ-㋐
Q83（167頁以下）参照。

Q93
住民基本台帳事務処理要領
第2-2-⑵-サ-㋐
Q83（167頁以下）参照。

Q99
住民基本台帳事務処理要領
第2-1-⑵-ニ-㋒　（「27 住基六法（通知・実例編28頁））
　㋒　なお，通称には，できるだけふりがなを付すことが適当である。
　　　その場合には，住民の確認を得る等の方法により，誤りのないように留意しなければならない。

Q109
住民基本台帳事務処理要領
第2-4-⑸　（「27 住基六法（通知・実例編75頁））
　⑸　消除した住民票の写し等の交付
　　　既に住民票の全部が消除された住民票については，その写し又は記載をした事項に関する証明書の交付の請求又は申出については，住民票に準じて取り扱うことが適当であるが，住所地市町村長以外の市町村長に対する交付の請求又は申出については応じる必要はない。

Q123
通知カード及び個人番号カードの交付等に関する事務処理要領
第3-3-⑵-ア　（「27 住基六法（通知・実例編606頁））
　ア　市町村長は，個人番号カードの券面記載事項に変更を生じたときは，当該個人番号カードを添えて，個人番号カードの券面記載事項の変更内容並びにその者の氏名及び住所を記載した変更届を提出させる（法第17条第4項）。
　　　この場合においては，転居届等に個人番号カードの券面記載事項の変更届出

参考資料

を行う旨を記載することにより，変更届の提出に代えることができる。
通知カード及び個人番号カードの交付等に関する事務処理要領
第2－3－(2)－ア（「27 住基六法（通知・実例編 569 頁)）
ア　市町村長は，通知カードの表面記載事項に変更を生じたときは，当該通知カードを添えて，通知カードの表面記載事項の変更内容並びにその者の氏名及び住所を記載した変更届を提出させる（法第7条第5項）。
　この場合においては，転居届等に通知カードの券面記載事項の変更届出を行う旨を記載することにより，変更届の提出に代えることができる。

Q125
通知カード及び個人番号カードの交付等に関する事務処理要領
第3－1－(2)－イ（「27 住基六法（通知・実例編 577 頁)）
イ　住民票に記載されている氏名（通称が住民票に記載されている外国人住民にあっては，住民票に記載されている氏名及び通称），生年月日，男女の別，住所及び個人番号を個人番号カードの表面又は裏面に記載する（省令第18条）。氏名（通称が住民票に記載されている外国人住民にあっては，氏名及び通称）又は住所の字数が多いため，個人番号カードの表面に記載できない部分があるときは，当該部分を表面の追記欄に記載し「何字加入」等と明記してこれに職印を押す。

Q131
通知カード及び個人番号カードの交付等に関する事務処理要領
第3－3－(7)（「27 住基六法（通知・実例編 619 頁以下)）
(7)　個人番号カードの廃止又は回収
ア　個人番号カードの交付を受けている者から，個人番号カード返納届を添えて，個人番号カードの返納があったときは，カード運用状況を廃止及び回収とする（法第17条第7項，令第15条第1項，第2項及び第4項，省令第31条）。
　この場合において，他の届出等とあわせて個人番号カードの返納があったときは，当該届出等に個人番号カードを返納する旨を記載することにより，個人番号カード返納届の提出に代えることができる。
イ　個人番号カードの交付を受けている者が次のいずれかに該当した場合には，直前の住所地市町村長は，当該個人番号カードを個人番号カード返納届を添

えて返納させ，そのカード運用状況を廃止及び回収とする（令第15条第3項）。
- (ア) 国外に転出したとき。
- (イ) 最初の転入届を行うことなく，当該転出届により届け出た転出の予定日から30日を経過し，又は転入をした日から14日を経過したとき。
- (ウ) 住民基本台帳法の適用を受けない者となったとき。
- (エ) 住民票が消除されたとき（転出したとき（国外に転出したときを除く。），日本の国籍の取得若しくは喪失をしたとき，死亡したとき及び(ア)又は(ウ)に該当したときを除く。）。

なお，当該個人番号カードの交付を受けている者が(イ)又は(エ)のいずれかに該当した場合には，住所地市町村長において返納を受け付けても差し支えないこと。この場合は，当該個人番号カードを回収した旨を直前の住所地市町村長に通知し，当該直前の住所地市町村長の了解のもと，住所地市町村において当該個人番号カードを廃棄すること。

ウ 個人番号カードの交付を受けている者が次のいずれかに該当した場合には，住所地市町村長は，当該個人番号カード（(オ)の場合は，発見した個人番号カード）を個人番号カード返納届を添えて返納させ，そのカード運用状況を廃止及び回収とする（令第15条第2項，省令第11条第5項，省令第28条第5項）。

- (ア) 個人番号カードの有効期間が満了したとき。
- (イ) 転出届をした場合において，当該転出届に係る最初の転入届を受けた市町村長に個人番号カードの提出を行うことなく，最初の転入届をした日から90日を経過し，又は当該市町村長の統括する市町村から転出したとき。
- (ウ) 住民票に記載されている住民票コードについて記載の修正が行われたとき。
- (エ) 本人の請求又は職権による従前の個人番号に代わる個人番号の指定により個人番号カードの返納を求められたとき。
- (オ) 通知カード又は個人番号カードの再交付を受けた場合において，紛失した個人番号カードを発見したとき。
- (カ) 個人番号カードの交付又は(1)-ア若しくは(2)-イによる個人番号カードの返還が錯誤に基づき，又は過失によってされた場合において，当該個人番号カードを返納させる必要があると認められ，当該個人番号カードの返納を命ぜられたとき。

アからウまでの場合において，他の届出等とあわせて個人番号カードの返納

参考資料

があったときは，当該届出等に個人番号カードを返納する旨を記載することにより，個人番号カード返納届に代えることができる。なお，郵便等又は代理人による個人番号カードの返納についても，その受理を行うことができる。
エ　個人番号カードの交付を受けている者の住民票が消除されたとき（転出をしたとき又は日本の国籍の取得若しくは喪失をしたときを除く。）は，アの場合を除き，その処理と連動して，カード運用状況を廃止とする（令第14条第4号から第6号まで，住基令第8条の2）。
オ　錯誤に基づき，又は過失により個人番号カードを交付した場合であって，当該個人番号カードの返納を命ずることを決定した旨を通知し，又は公示したときは，カード運用状況を廃止とする（令第14条第10号及び第16条）。
カ　個人番号カード返納届の様式は，次に掲げる様式第1のとおりとする。
　　なお，電子証明書失効申請書の様式と統合しても可能であり，統合様式は次に掲げる様式第2のとおりである。　　　　　　※様式第1，2は省略

Q133

印鑑登録証明事務処理要領

第2－1－(1)　(「27 住基六法（通知・実例編1181頁)）
(1) 印鑑の登録を受けることができる者は，住民基本台帳法（昭和42年法律第81号。以下「法」という。）に基づき，当該市町村の住民基本台帳に記録されている者とするものとする。

Q135

印鑑登録証明事務処理要領

第2－5－(1)－ウ　(「27 住基六法（通知・実例編1182頁以下)）
(1) 必要登録事項
　　市町村長は，印鑑登録原票を備え，印鑑の登録の申請について審査した上，印影のほか当該登録申請者に係る次に掲げる事項を登録するものとする。
ア　登録番号
イ　登録年月日
ウ　氏名（外国人住民に係る住民票に通称が記録されている場合にあつては，氏名及び通称）
エ　出生の年月日
オ　男女の別

カ　住　　所
　キ　外国人住民のうち非漢字圏の外国人住民が住民票の備考欄に記録されている氏名のカタカナ表記又はその一部を組合わせたもので表されている印鑑により登録を受ける場合にあつては，当該氏名のカタカナ表記

Q136
印鑑登録証明事務処理要領
第2－4－(3)　(「27 住基六法（通知・実例編1182頁)」)
(3)　市町村長は，(2)－ア及びイにかかわらず，外国人住民（法第30条の45に規定する外国人住民をいう。以下同じ。）のうち非漢字圏の外国人住民が住民票の備考欄に記録されている氏名のカタカナ表記又はその一部を組合わせたもので表されている印鑑により登録を受けようとする場合には，当該印鑑を登録することができる。
第4－2－(1)－オ　(「27 住基六法（通知・実例編1185頁)」)
(1)　印鑑登録証明書は，印鑑の登録を受けている者に係る印鑑登録原票に登録されている印影の写し（印鑑登録原票に登録されている印影を光学画像読取装置（これに準ずる方法により一定の画像を正確に読み取ることができる機器を含む。）により読み取って磁気テープに記録したものに係るプリンターからの打出しを含む。(2)において同じ。）について市町村長が証明するものとし，あわせて次に掲げる事項を記載するものとする。
　ア　氏名（外国人住民に係る住民票に通称が記録されている場合にあつては，氏名及び通称）
　イ　出生の年月日
　ウ　男女の別
　エ　住　　所
　オ　外国人住民のうち非漢字圏の外国人住民が住民票の備考欄に記録されている氏名のカタカナ表記又はその一部を組合わせたもので表されている印鑑により登録を受ける場合にあつては，当該氏名のカタカナ表記

自治体担当者のための
外国人住民基本台帳事務Ｑ＆Ａ集

定価：本体 2,000 円（税別）

平成28年3月30日　初版発行

編　著　者　　市町村自治研究会

発　行　者　　尾　中　哲　夫

発行所　日本加除出版株式会社

本　　社　　郵便番号 171-8516
　　　　　　東京都豊島区南長崎 3 丁目 16 番 6 号
　　　　　　ＴＥＬ　（03）3953-5757（代表）
　　　　　　　　　　（03）3952-5759（編集）
　　　　　　ＦＡＸ　（03）3953-5772
　　　　　　ＵＲＬ　http://www.kajo.co.jp/

営　業　部　　郵便番号 171-8516
　　　　　　東京都豊島区南長崎 3 丁目 16 番 6 号
　　　　　　ＴＥＬ　（03）3953-5642
　　　　　　ＦＡＸ　（03）3953-2061

組版・印刷　㈱亨有堂印刷所　／　製本　牧製本印刷㈱

落丁本・乱丁本は本社でお取替えいたします。
©2016
Printed in Japan
ISBN978-4-8178-4294-7　C2032　¥2000E

JCOPY　〈出版者著作権管理機構　委託出版物〉

本書を無断で複写複製（電子化を含む）することは、著作権法上の例外を除き、禁じられています。複写される場合は、そのつど事前に出版者著作権管理機構（JCOPY）の許諾を得てください。
また本書を代行業者等の第三者に依頼してスキャンやデジタル化することは、たとえ個人や家庭内での利用であっても一切認められておりません。

〈JCOPY〉　ＨＰ：http://www.jcopy.or.jp/、e-mail：info@jcopy.or.jp
　　　　　電話：03-3513-6969、ＦＡＸ：03-3513-6979

**マイナンバー法が施行された
平成27年10月5日現在の内容に完全対応！
さらに、
平成28年1月1日施行の改正にも対応！**

平成27年度
住民基本台帳六法

市町村自治研究会 監修

2015年12月刊 A5判箱入り(二巻組) 2,248頁 本体7,000円+税 978-4-8178-4258-9
商品番号：50002 略号：27住基

**通知カードや個人番号カードの交付等に関わる
事務に役立つ内容を多数収録！**

〈法令編〉
・住民基本台帳法をはじめ、マイナンバー関連法令はすべての改正を網羅し、平成28年1月1日以降の改正内容については、該当条文の末尾に収録。
・マイナンバーに関連する法令については、追加収録し、ますます内容充実。

〈通知・実例編〉
・通知カード・個人番号カード編を新規収録。
・マイナンバー関連の新規事務処理要領等を収録するなど、新規通知等を多数収録。

日本加除出版

〒171-8516　東京都豊島区南長崎3丁目16番6号
TEL (03)3953-5642　FAX (03)3953-2061（営業部）
http://www.kajo.co.jp/